本当は、ずっと愚かで、はるかに使えるAI

——近未来人工知能ロードマップ

山田誠二 著

日刊工業新聞社

はじめに　AIと生きる未来を考えよう

ＡＩブームの到来以降、いわゆる「ＡＩ本」が数多く世に出されました。

ＡＩ本とは、ＡＩ（人工知能）に関する専門書とは別に、一般の方に向けて書かれたＡＩの「入門書」「ビジネス書」「読み物」のことを指しています。ためしに「ＡＩ 人工知能 書籍」と検索すれば驚くほど多くのＡＩ本がヒットすることが分かります。

これは、なにも書籍に限った話ではありません。新聞・雑誌の記事、ＩＴ系ウェブサイト、技術系ブログなどあらゆるメディアで夥《おびただ》しい量の情報が流布しています。筆者などは、なるほどブームとはこういうものかと日々感心しています。

ただし、研究者の視点でこれらの情報をつぶさに見ていくと、その内容はまさに玉石混淆と言わざるを得ません。

これは一面ではブームの代償だと考えています。なにしろ、これまでＡＩとまったくと言っていいほど関係のなかった。ＩＴ評論家やら社会学者やら文化人やらが、したり顔でＡＩを語り始めたのです。

それらの本の中には、ＡＩをテーマしていながら、ＡＩにはほとんど触れられていないトンデモ本も少なくありません。また、ＡＩに関する解説があまりに表面的で、しかもＡＩの現状と大きく乖離（多くは過大評価）している本も見受けられます。まさに、「おまいう（お前が言うな）」な状況です。

筆者は、決して専門家でない人（非専門家）がＡＩについて語るなと言っているのではありません。非専門家の鋭い指摘が、専門家の凝り固まった視点や考え方を解きほぐしてくれることも多いからです。なにより、ＡＩがそれだけ多くの人の心を動かすテーマであることの証拠だと思うからです。

これまで筆者は一般の方を対象にした講演を数多くこなしてきました。多くの会場で聴講者から直接「ＡＩの得手・不得手がよくわかった」というお褒めの言葉をいただいています。

筆者が心がけているのは、「あれもできる、これもできる」ばかりの話をしないということです。ＡＩの限界をきちんと伝えなければ、結局ＡＩと私たちの関係に支障をきたすことが目に見えているからです。「一般の方にＡＩの等身大のイメージを的確に伝える」こと、ここに義務感を感じていたのも、本書を書く大きなきっかけでした。

本書では、「ＡＩは単なるプログラムである」「ＡＩは使えるツールである」「ＡＩの知能は2歳児のそれ」などと繰り返し述べています。ごくごく初歩的で当たり前のたとえ話や理解を助けるエピソードがあるだけでも、ＡＩの見方が相当変わってくると思います。筆者は長きに渡って、ＡＩとその関連分野を研究してきた研究者であり、大学教授でもあります。およばずながら、そのあたりの知識をきちんと提供するのは実際にＡＩと対峙してきた筆者ら専門家しかできない芸当だと思っています。

本書では、ＡＩの仕組み、つまりアルゴリズム（＝手続き）やプログラムについてはほとんど説明していません。厳密なＡＩアルゴリズムについては、一般の方が理解するには難しすぎること、ＡＩの仕組みを解説した書籍はすでにたくさんあること（そのほとんどはエンジニア、研究者向けです）がその理由です。

もう一つ、別の理由は、研究者が自身の研究内容を一般の方の日常生活と関連させて伝えることで、ＡＩの社会的意義や理解が深まるのではないかと期待しているからです。技術の詳細よりも、何のためにどんな研究をしているかに重きを置いて知っていただくことで研究への良い波及効果が生まれると信じているからです。

現在から近未来にわたるＡＩ導入のロードマップを次のページの図に示します。導入は、大まかに3つのフェーズから進むと考えていますが、大切なのはＡＩ技術が一方的に進歩することで導入が進むのではないということです。ＡＩと社会が相互作用をし、ＡＩが社会構造を組み替えて、少しずつ下地をならしながら導入が進んでいきます。

このロードマップを眺めながら本書をお読みいただくことで、これからのＡＩが自身の生活や人生にどのように影響するか考えるきっかけにしてもらえるのではないかと期待しています。

以上が、本書を執筆する動機や筆者がＡＩを人に説明するときの基本的なポリシーです。ＡＩとともに生きる私たちの未来は、ありもしない絵を描かなくとも、十分に刺激的です。

本書をお読みになった結果として、世間に氾濫するＡＩへの偏見から解放され、筆者の考えるＡＩのありのままの姿を感じていただけることができれば、筆者にとって望外の喜びです。

著者

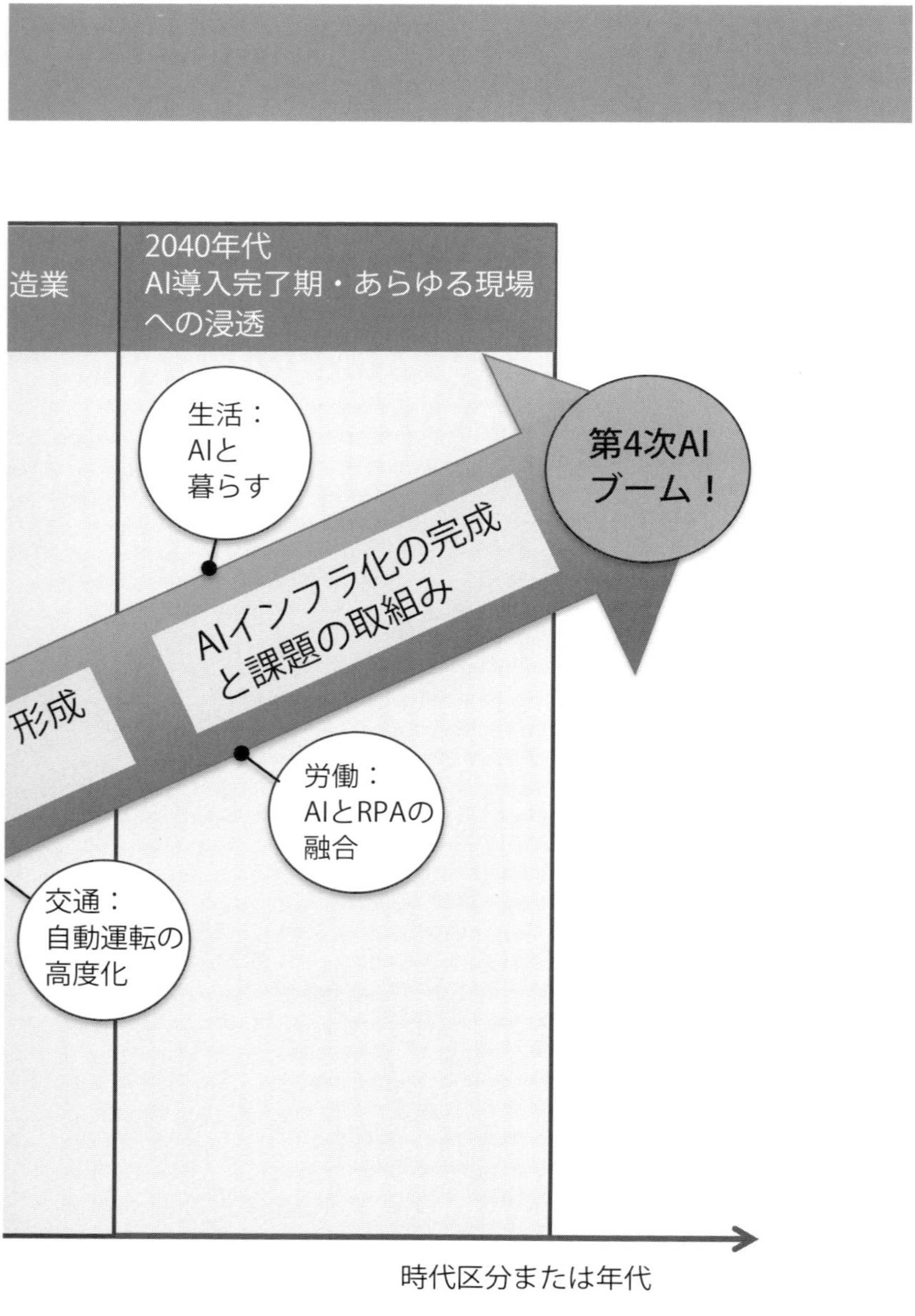
造業
2040年代
AI導入完了期・あらゆる現場
への浸透
生活：
AIと
暮らす
第4次AI
ブーム！
AIインフラ化の完成
と課題の取組み
形成
労働：
AIとRPAの
融合
交通：
自動運転の
高度化
時代区分または年代

●近未来AIロードマップ

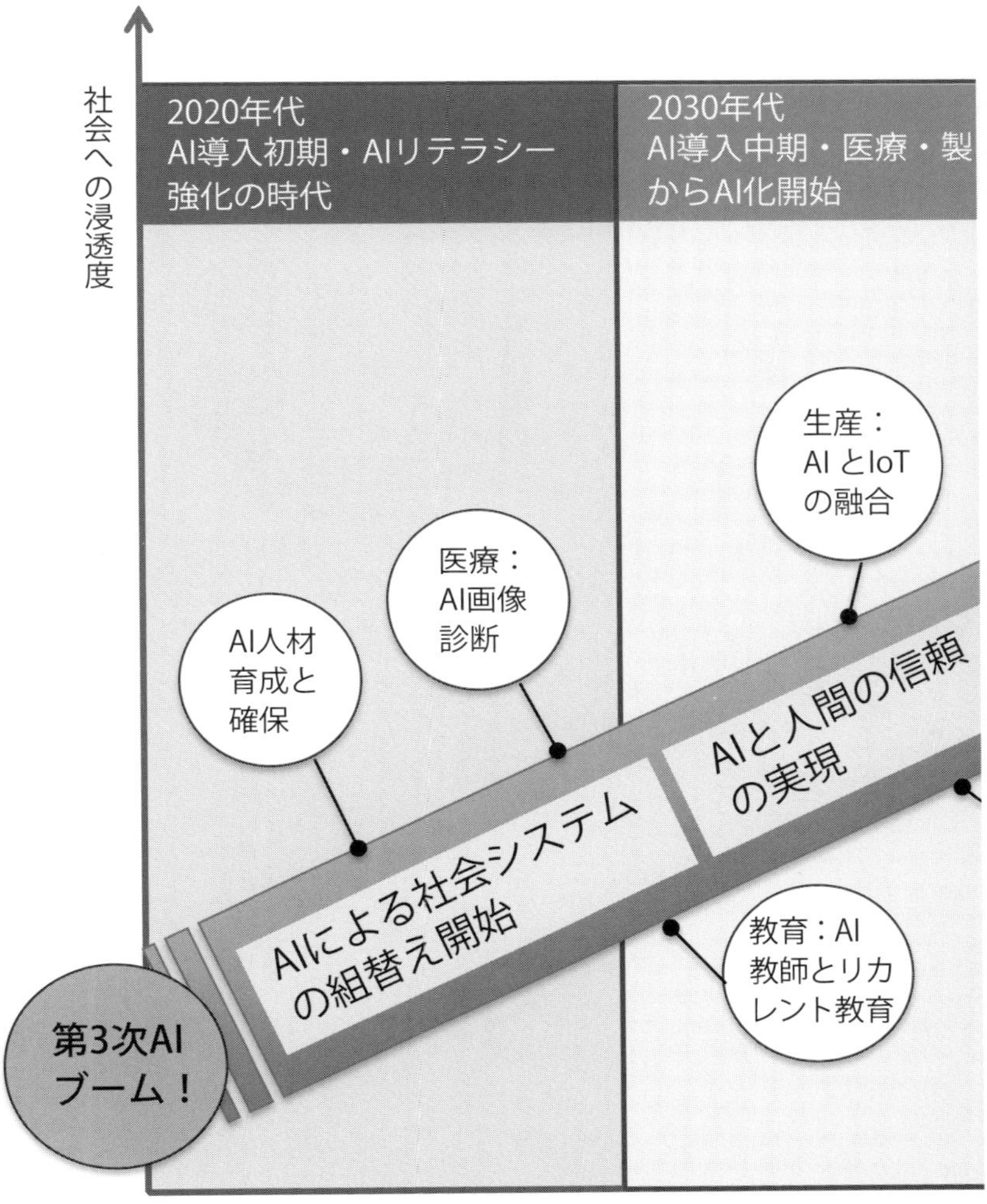

目次

第5章　AIと生きる未来シナリオ

第1章

そろそろ等身大のAIの話をしよう

1・1　AIは人間になれるのか

■AIは人間を作る悪魔的な技術!?

果たして、AIはどこまで「人間」になれるのでしょうか。私たちと同等の能力・人格を持つ存在になりうるのでしょうか。

結論から言うと、筆者を含めて多くのAI研究者は不可能だと考えています。その理由は本書のなかで追々説明していきますが、現在世界のAI研究者のなかで、人間と同じ能力を持つAIを作ることができると考えている人はきわめて少数派です。

もし真剣にそう考えている人がいたら、これまで重ねてきた研究者たちによる議論を共有しようとしない、変わり者として扱われてしまうでしょう。

一方、最近では、人間になれるとまではいかないまでも、できるだけそれに近い能力を持つAIの開発を目指した「汎用人工知能AGI（Artificial General Intelligence）」と呼ばれる研究が市民権を得ています。しかし、そのAGIの研究者でさえも「人間の脳を真似てできるだけいろいろな問題を解ける汎用AIを目指している」のであり、「人間を作ろうとしている」と本気で考えてはいないで

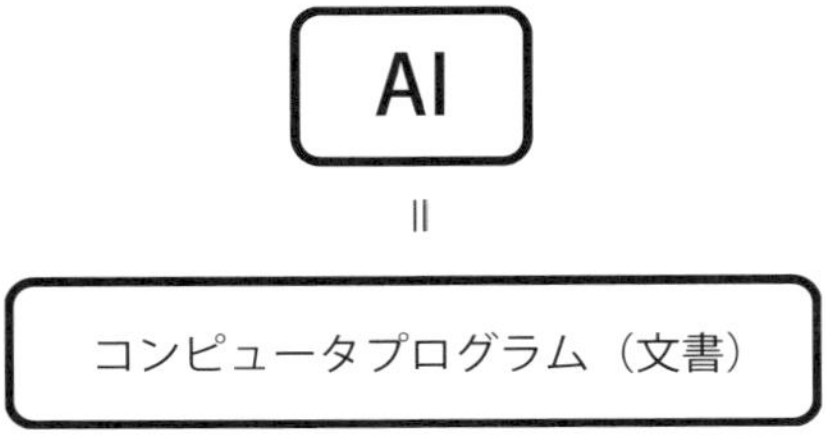

図1・1　AIの正体

しょう。

後述しますが、「人間ではない人工物（人間が作った物）に人間と同じ知性を持たせる」ことを目指すことで、一体何が起こるかということです。

おそらくＡＩ研究はスタックし、やがて世間はＡＩに幻滅して、結局は何も起こせずに終わってしまうのではないかと思われます。

■ＡＩの正体はコンピュータプログラム、つまり「人工物」

なんとも夢のない話をするように感じられるかもしれませんが、事実、ＡＩの正体は、コンピュータプログラム、つまりコンピュータを動かす命令が書かれた「文書（人工物）」です（**図１・１**）。

では、このプログラムは誰が書くのでしょうか。もちろんそれは人間しかいません。つまり、ＡＩは一〇〇％人間が作った人工物だと言えます。

プログラムを自動的に書くプログラムも研究されていますが、そのような自動プログラミングでさえも、あらかじめ人間が決めたルールに従ってプログラムを書いているプログラムに過ぎないのです。

人間を作るといった場合、最初に思い浮かぶのは、バイオテクノロジーや遺伝子工学を駆使して脳、臓器、筋肉など人間の器官・組織を作り出すというアプローチです。しかし、当然そのようにして作った器官・組織から人間を作り出すのは非常に難しく、さらに大きな倫理的問題もはらんでいます。

そもそもＡＩは、生き物としての人間を再現しようと考案されたものではありません。実体はコンピュータプログラムであり、人間の持つ知的な「機能」を再現する方法として研究・開発されています．人間の機能をコンピュータで再現することができれば、人間と同じ「能力」を持つと言っていいという立場です。

■そもそも人間の能力って何だ!?

ところが、ここで疑問が湧きます。ひと口に人間と同じ能力と言いますが、それが達成されたか否か、どのようにして分かるのでしょうか。これを判定するには、出来上がったＡＩの能力を評価する必要があり、そのためには「人間と同じ能力」を厳密に定義しないといけないことになります。とはいえ、「人間と同じ能力」とは、誰の目にも歴然として分かるものなのでしょうか。

実はこれはとても難しい問題なのです。考えてもみてください。人間の能力はきわめて多岐に渡

1. 言語を理解する能力
2. 目で見て物体を認識する能力
3. 推論する能力
4. 学習する能力
5. 予測する能力
6. プランを立てる能力
7. 相手の意図を推定する能力
8. 体を上手く動かす能力
9. 自分の感情を顔に出す能力
10. 音声を認識する能力
11. 発話する能力

・・・・・・

図1・2　人間の能力リスト

り、ＡＩ研究でよく挙げられるものだけでも数多くあります（**図１・２**）。例えば、図１・２の「３ 推論する能力」などは、これが何について推論するのかによって、無数のバリエーションがあり得ます。

さらに考えないといけないのは、「顕在化していない能力」です。図１・２に挙げた能力は、自分が持っていることを認識できる能力です。実はこれとは別に、普通、人間には自分で認識できていない能力をたくさん持っています。

この顕在化していない能力や知識は、「暗黙知」と呼ばれます。二足歩行、自転車漕ぎや手作業における身体の動かし方などのスキルのほとんどは、暗黙知と言えます。

■ＡＩ研究の本質は、人間の能力を見つめること

ここまでの説明で大体おわかりいただけたと思いま

すが、もし仮に人間と同じ能力を持つＡＩを作ったと主張しても、それを証明することが不可能だということです。

それどころか、多くの能力については、定義すら難しいものもあります。例えば、「感情を表現する能力」「相手を説得する能力」などがそれです。

一方、「とにかく考えられるすべての人間の能力を片っ端からＡＩで実現していけば、そのうち人間と同じ能力を持つＡＩが出来上がるんじゃないの」という見方もあるでしょう。最近の機械学習万能主義の風潮では、特にこのような考えが強いと思います。

しかし、過去にあった、人間の持つ能力を一つずつプログラミングしたり、学習させたりしていくという超ロングスパンの研究プロジェクトが、ことごとく失敗していることからもわかるように、このアプローチには無理があります。「無数にある知識をいかに扱うか」という極めて本質的問題がそこに横たわっています。

「ＡＩは人間になれるのか」という問いは、刺激的なトピックです。しかし、ＡＩの研究や実用にとって本当に大切なのは、そのような大袈裟なスローガンに惑わされることなく、地道に「人間の持つ能力とは何か」について突き詰めて考えていくことです。

そしてその先には、部分的にではあれ、人間並の能力を備えたと胸をはって言えるＡＩを作り上げることができるはずです。それだけでも十分にＡＩは社会や人の行動を大きく変えることができる、すばらしく使い勝手のよい技術であることを、本書を通じて伝えていくつもりです。

１・２　AIはなぜだまされるのか

■本当は危険なAIによるセキュリティ

ＡＩの実用化は、すでに社会の様々な場面で始まっています。

例えば、スマホのパスワード入力の代わりの顔認証技術、また空港では、Ｘ線画像を使った手荷物検査などへのＡＩ応用がそれです。

前者は、あらかじめスマホ搭載のカメラでオーナーの顔写真を登録しておき、認証時には、やはり搭載カメラを使って登録顔画像とのマッチングを行います（図１・３）。一方、後者の手荷物検査では、スーツケースやノートＰＣなどの手荷物の中に爆発物や凶器が隠されていないかを調べます。

現状ではコンベア上を流れる手荷物のＸ線画像をモニターに映して、主に空港職員が目視でチェックしています。しかし、当然、目視検査では、見落としや見間違いが起こる可能性があるため、これと並行して画像認識ソフトによる検査が始まりつつあります。

顔認識、Ｘ線検査とも、使用する画像認識装置の一部にはＡＩの一手法であるディープラーニング

図1・3　顔認証とセキュリティチェック

が利用されています。

さて、このようなセキュリティにＡＩを導入することは、一つの大きな問題があります。それは、ＡＩをだましてセキュリティチェックをパスすることが比較的簡単にできてしまうことです。

読者の皆さんは、ＡＩはビッグデータを使った複雑な計算を元に正確に判断を下すので、人間とは違って、だまされるようなことはないと思われるかも知れません。しかし、実はＡＩは意外とだまされやすいのです。

なぜだまされやすいかと言うと、ＡＩは物事を理解していないということが原因と考えられます。言い方を変えると、ＡＩは概念や意味を解さず、文脈を考慮してモノを認識していないためだと言うことです。

■ＡＩはどうやってだまされるか

ディープラーニング（深層学習：ニューラルネットを

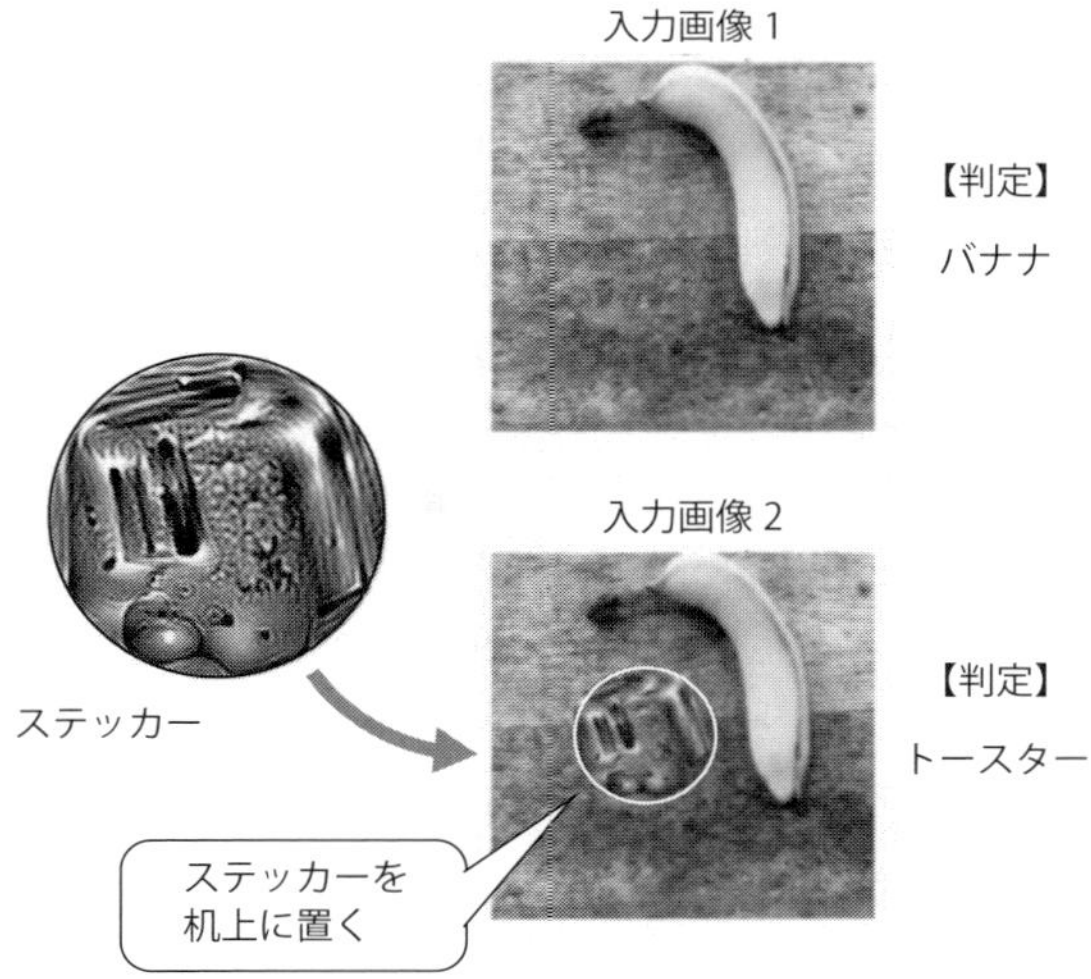

出典：T. B. Brown, et al., Adversarial Patch, Neural Information Processing Systems 2017

図1・4　AIをだますステッカー

用いて膨大なデータから特徴ある傾向を探し出す機械学習の一手法）は、何か深淵なこと、つまり概念や意味を学習して理解できると思われるもしれません。しかし、実際はそんなことはなく、どちらかというと表面的な細かい違いを見ています。その根拠はいろいろあるのですが、追々ご紹介するとして、ここでは分かりやすい例を一つ紹介します。

図1・4が、ＡＩをだますＡＩの研究です。

図中の左にある複雑な模様がプリントされている丸いステッカーが「ＡＩをだますステッカー」です。対象物の近くにこのステッカーを貼ると、ＡＩがその対象物を別の物と間違って認識してしまうのです。そして、このステッカー自体もある種のＡＩが作り出したモノです。つまり、ＡＩをだますＡＩです。

図1・4の入力画像1では、ＡＩは机の上の「バナナ」を正しく認識するのですが、そのバナナの近くにステッカーを置いた入力画像2では、驚くべきことにＡＩはその画像を「トースター」と間違って認識してしまいます。

人間がバナナを認識するプロセスは、このステッカーの有無に影響されないので、入力画像2を見てもバナナはバナナのままなのですが、ＡＩにとっては、ステッカーが貼られた画像はトースターに見えてしまうということです。このような誤認識は、人間ではあり得ないことなので、とても不思議に感じられると思います。

■ＡＩをハッキングするＡＩ！

では、どのようなメカニズムでこのような誤認識が起こるのでしょうか。正確にはディープラーニングの「学習結果（「学習モデル」と呼ばれます）」を詳しく分析する必要がありますが、一般に学習モデルはほとんど分析できないので解明は困難だと思います（2・4節参照）。

ただ言えることは、私たち人間が行う画像認識と、ＡＩのやるそれは、まったく違った経路で処理されている場合があるということです。そして、その違いを上手く利用すれば、人間はだませなくてもＡＩは簡単にだませると言えます。

とても興味深いことに、実際に図1・4の「ＡＩをだますステッカー」自体もＡＩを使って作り出しています。ＡＩは使いようということを示す良い例でもあります。

このステッカーは、ＡＩをハッキング（コンピュータをだまして、不正に侵入すること。正式には、「クラッキング」ともいう）しているとも言えるので、もうほとんど「攻殻機動隊」（ＳＦアニメ）の世界です。似たような研究として、自動運転車のＡＩをだますパターン（模様）を道路に描く研究や、人間には気にならないようなノイズを元の画像に合成して、ＡＩをだます研究などがあります。

これらの「だまし」のアプローチを利用することで、スマホの顔認証や空港のセキュリティチェックがハッキングされ、すり抜けられる可能性があります。したがって、セキュリティを目的にＡＩを導入する際には、このようなＡＩハッキングについて十分に注意したうえで導入すべきでしょう。

■AI導入のカギは、AIがだまされない状況を作り出すこと

さて、ＡＩがだまされる条件、またはだまされない条件には、それぞれ共通するパターンがあります。それは「コンテクスト」と呼ばれる、いわゆる「文脈」や「状況」を考えると分かります。画像においては、ある物体を識別する場合にその「背景色」が一つのコンテクストにあたります。

物体の画像認識では、背景が青一色とか、白一色であれば、物体の輪郭を取り出すのが簡単になるので、認識の精度（認識結果の正しさのこと。０～１００％で表現する）は向上します。映画で背

景を合成するときに、ブルーバックで演技したりしますよね。あれと似た理由です。

これは、「コンテクストが固定されている」状況だと言えるでしょう。

では、背景がコロコロ変わる、つまり「コンテクストが変化する」状況だとどうなるでしょう。物体の輪郭を取り出すのが一気に難しくなります。先のAIをだますステッカーの例でいうと、そのステッカーを貼ることで背景を変化させて、トースターに誤認識するようにAIを錯乱させているわけです。

AIは見たことがない背景の影響を受けて、誤認識してしまうことになります。この「見たことがない」とは、機械学習では、「過去に経験したことがない」ということになります。つまり、あのステッカーを貼った画像（**図1・4**の入力画像2）を訓練データとして学習をやり直すと誤認識はなくなると予想されます。

以降でも繰り返し触れることになりますが、AIの導入や活用を検討する際、この『コンテクストが固定されている』ということが成功の重要なポイントになるのです。

１・３　なぜシンギュラリティは起こらないのか

■AIが人間に成り代わる⁉

シンギュラリティは、発明家で未来学者でもあるR・カーツワイル（米）によって提唱された「技術的特異点（テクニカルシンギュラリティ）」と呼ばれる言葉に由来します。

科学技術の未来予測のなかで「二〇四五年頃に自律的に進化することで指数関数的に問題解決能力が向上した万能AIが開発され、人類に代わって文明を進歩させていく」という人類にとってこれまでにない地平が現われることを指した言葉です。

現在、世界のAI研究者で、シンギュラリティを真に受けている人は少数派だと思います。なぜなら未だ2歳児レベルと言われる現在のAIが、人類の英知を超えるレベルになるためには、後述するAIの基本問題とも呼ぶべき、多くの本質的課題を解決しないといけないからです。

そして、二〇四五年までにそれらがすべて解決されるとは考えにくいのです。

筆者自身も、シンギュラリティにはまったく否定的であり、噴飯《ふんぱん》ものだと考えています。何を根拠にそのように予測されているのかよく分からないというのが正直なところです。一部には。集積回路上のトランジスタ数が一八か月ごとに二倍になるという「ムーアの法則」を持ち出す論調もあるようですが、半導体の性能がいくら向上しても、ＡＩ基本問題の難しさには遠く及ばないので、根拠にはなりません。

■ＡＩの常識問題──当たり前がわからないＡＩ

ＡＩの基本問題は数多くあります。そのなかで、もっともシンプルで、分かりやすいものに「ＡＩの常識問題」があります。

簡単に言えば、ＡＩには人間ならば成長とともに誰しもに備わる「常識」がありません。なぜかというと、私たちが常識と呼んでいる知識群はあまりにも膨大かつ広範囲であり、人間がそれをすべてプログラムに書き起こして、ＡＩに組み込むことは不可能だからです。ＡＩが理解できない典型的な常識を挙げて見ましょう。

「ペンギンは飛べない」
「持っている物を放せば落ちる」
「生き物は必ず死ぬ」
「犬はワンと鳴く」

自分が落下するイメージを持てない

出典：Communications of the ACM, 58(9)2015

図1・5　物理的常識

常識とは、学校でも教えないようなあまりに当たり前の知識です。しかし、侮ってはいけません。私たちが当たり前と思っているこれらの知識は、質的にも量的にもとても豊かな膨大な知識の体系を成しているのです。そして、常識のとてつもない豊かさがＡＩが常識を持つことを妨げているのです。

ＡＩが常識を持つことの難しさについて、ここでは「物理的常識」と「社会的常識」という二つの視点から説明しましょう。

■物理的常識がない――森羅万象に関する当たり前

まずは、**図１・５**をご覧ください。

この写真は、ヒューマノイドロボット（人間の外見をもっているロボット）が木の枝に座って、自分が座っている右側にある枝をノコギリで切っている様子です。

皆さんはこの写真を見て、すぐに「あれっ？」と思われたのではないでしょうか。そうです、人間なら子供でも、このような枝の切り方は絶対にしません。

このまま枝を切り落としてしまえば、ロボット自身も真っ逆さまに落ちてしまうからです。もし人間が同じ立場ならば、枝が切れたと同時に自分も落ちていくシーンを簡単に想像できるでしょう。

実は、こう考えるのは、私たちが物理現象に対するさまざまな知見、ここで「物理的常識」と呼んでいる知識をあらかじめ持っているからこそなのです。

ＡＩはそのような物理的常識を持っていないので、自身が落ちていく予測も、従って地面に激突して壊れてしまうイメージも持てません。ですから、ＡＩは平気で図１・５のような枝の切り方をしてしまうのです。こう考えると、人工知能と呼ばれてはいても、ＡＩとは、まだまだ未熟な存在であることが分かります。

私たち人間は、このような物理的常識を無数に持っています。そして、例えば「手のひらに載せた物体はその手を左右に動かせば一緒に動く」「手のひらに載せた物体は、その手を傾けていけば、そのうち落ちる」など、ばかばかしいぐらい当たり前なものがほとんどなのです。

図1・6　社会的常識（NGワード）の異なる状況

■社会的常識がない――社会で生きていくための当たり前

もう一つの常識が「社会的常識」です。典型例は「NGワード」です。

社会的常識についても、私たちは普段からそれほど意識していません。でも例えば、セクハラ、パワハラ、アカハラが声高に叫ばれる昨今、様々な状況に応じて言ってはいけない言葉（NGワード）を使い分けているのです。

ここで言う、様々な状況とは、オフィスに限って言えば、例えば**図1・6**に示すようなものがあります。

- オフィスで男性上司が一人の新入社員に向かって言ってはいけない言葉
- オフィスで男性上司が女性の部下に言ってはいけ

ない言葉
- 宴会の席で女性の部下が女性上司に言ってはいけない言葉
- グループミーティングで男性の部下が女性上司に言ってはいけない言葉

つまり、この場合、社会的常識とは「いつ」「どこで」「誰が」「誰に」という、まさに「コンテクスト」（文脈）に応じて、言ってはいけない様々な言葉を知っているということです。コンテクストの組合せ、言葉の組合せは無数にあります。その場のコンテクストに応じて、言ってはいけない言葉の組合せを上手く使い分けているのです。そう考えてみると、これほどまでに難しい判断を人間はいとも簡単にやっているということにあらためて驚かされます。

そして、社会的常識の特徴として、それを持っていない人間は最悪の場合には社会からつまはじきされてしまうほど、社会で生きていくうえで重要な知識なのです。これは、「ソーシャルスキル」とも呼ばれ、ＡＩが最も不得意とする能力の一つです。また、昨今では人間社会でもこのソーシャルスキル教育の重要性が認識され始めています。

■それでもＡＩは人と社会を変える

さて、これらの常識をすべてＡＩに持たせることは、可能でしょうか？

残念ながら、あまりに常識の量や範囲が膨大すぎて、人間がプログラムとして書くアプローチも、機械学習を使ってＡＩに学習させるアプローチもどちらも上手くいきそうにありません。また、実際にそのようなアプローチは破綻しています。

また、常識問題は、ＡＩが直面している基本問題の一つに過ぎません。他にも多くの基本問題があり、そのどれもが有効な解決策を見出せていません。あと三〇年でほかのすべての基本問題を解決することなど、到底不可能であることが理解していただけるのではないでしょうか。

つまり、シンギュラリティは起こらないと考えるのが、真っ当な結論となるのです。

ただし、シンギュラリティが来ないからと言っても、ＡＩの未来について悲観的になる必要はまったくありません。そもそもＡＩ研究者のほとんどはシンギュラリティを起こすことを目指して日々研究しているのではありません。

人間を完全に超えるＡＩが不可能でも、人間の役に立つＡＩを作ることは可能であり、それ自体、社会を変える可能性を秘めたとても刺激的な仕事なのです。

1・4　第3次AIブームはなぜ起こったか

■すべてはダートマス会議から始まった

第3次AIブームは、なぜ起こったかのでしょうか。

それを考える前に、これまでのAIの歴史についてごく簡単に見ていきましょう。「AI」という言葉は、一九五六年にダートマス大学（米）で開催された「ダートマス会議」で使われ、研究が始まったとされています。AIは、Artificial Intelligenceの頭文字をとったもので、「人工知能」というのはその訳語になります。

AIという語感からか、世間には非常に新しい研究というイメージがあるようです。しかし実際には、一九五〇年代に始まったわけですから、盛衰のめまぐるしいIT分野にあって、六〇年以上の長きに渡って継続している歴史ある研究分野と言えます。

とはいえ、AI研究は、前節で紹介した基本問題をはじめとしてまだまだ未解決の課題がたくさん残っているという意味で「枯れていない」分野と言えるでしょう。

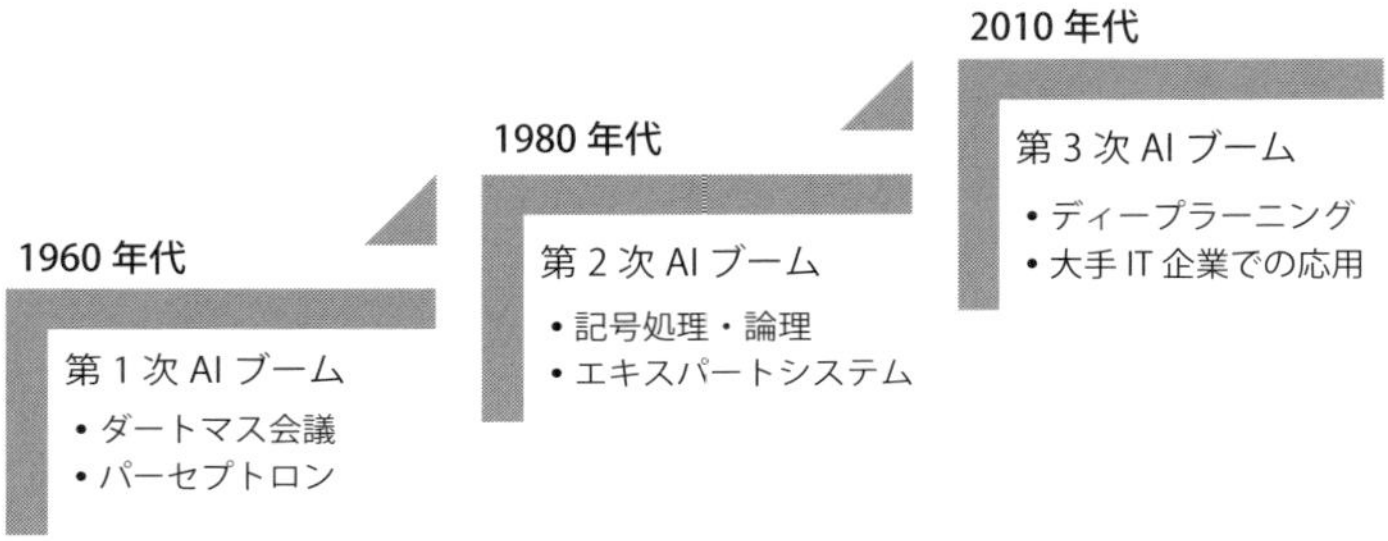

図1・7　第1次～3次AIブーム

■第1次AIブーム（一九五〇年代）から第2次AIブーム（一九八〇年代）まで

ＡＩには現在に至るまでに3回のブームがありました。現在、その第3次ＡＩブームがまだまだ続いている状況です。**図1・7**に、過去3回のＡＩブームの時期と内容をまとめてみました。

第1次ＡＩブームは、ダートマス会議の直後に盛り上がりましたが、注目すべきはディープラーニングに繋がるニューラルネットワークの基本である「パーセプトロン」（ニューロンの層構造がシンプルであるニューラルネットワークの原型とも呼ぶべきもの。学習性能に限界あり）が研究されていた点です。

その後、一九八〇年代に、ＩＦ-ＴＨＥＮルールや論理で人間の思考をシミュレートする方法が流行し、人間の専門家の代わりになるエキスパートシステムと呼ばれるＡＩがたくさん開発されました。この時代は一般的に第2次ＡＩブームと呼ばれます。日本においてＡＩの国家プロジェクトである新世代コンピュータ開発機構ＩＣＯＴが組織されたのもこの頃です。

そして、その後、いくつかの理由により、第２次ＡＩブームは去って行き、一五年以上に渡る『ＡＩ冬の時代』を迎えることになります。

■ディープラーニングによってもたらされた第3次AIブーム

ところが二〇一〇年代に入って、様相が一変します。

有名な画像認識のコンペにおいて、あるチームのＡＩが圧勝したことがその始まりでした。そして、そこで使われていたのが「ディープラーニング」と呼ばれる機械学習でした。

この手のコンペで上位に入ったチームのアルゴリズムやプログラムは公開され、研究者皆で検討されます。このディープラーニングが、まずＡＩの一部のコミュニティで騒ぎになり、その後そのムーブメントが大きくＡＩコミュニティ全体に広がっていきます。そして、ＧＡＦＡに代表されるアメリカの大手ＩＴ企業を中心にディープラーニングが様々な分野で応用され、大きな成果を上げたことで第３次ＡＩブームが到来します。

その背景には「ビッグデータの存在」と「計算機パワーの向上」があります（図1・8）。多くの機械学習がその能力を発揮するために必要な大量のデータ（ビッグデータ）と、処理速度の速いコン

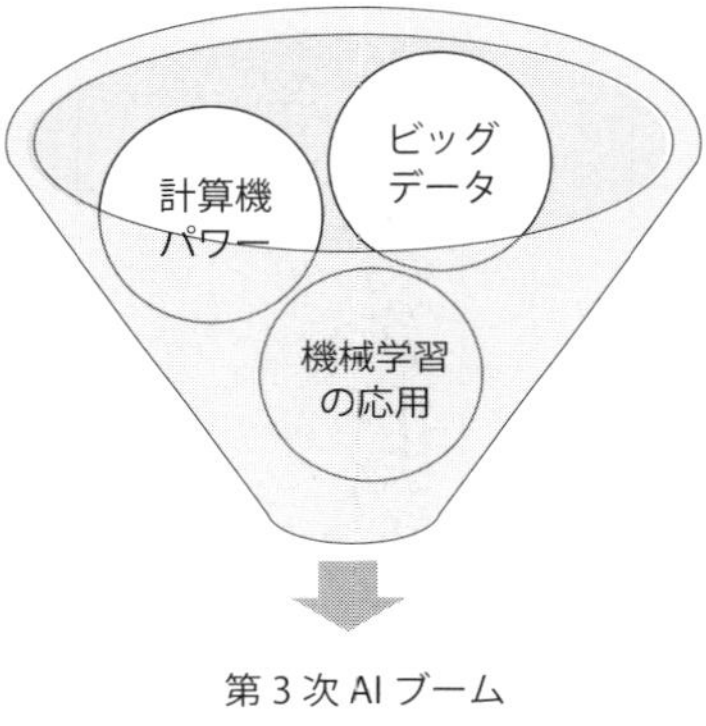

図1・8　第3次AIブームの背景

ピュータが、現在では企業のみならず、個人でもある程度のものを入手可能なほど安価になってきました。

そして、この２つの条件が揃うことで、一昔前なら役に立たなかった機械学習が実用に耐えうるものになってきたのです。ここで「実用に耐えうる機械学習」というのは、２つの意味があります。

まずは、「学習の性能が高くなった」と言うことです。詳しくは次節１・５で説明しますが、例えば、分類学習と呼ばれる機械学習は画像や文章の分類を学習しますが、基本的には学習用の訓練データが多いほど学習性能が上がるので、ビッグデータを使うことで学習性能（分類の正確さ）が大きく向上しました。

もう一つの意味は、「学習が速くなった」ということがあります。一回学習をするのに二〇年前のコンピュータだと一か月もかかっていたのが、最新のコンピュータだと三分で終わるとなると、使い勝手が大きく変わってきます。

ビッグデータと計算機パワー、この二つのインフラの恩恵を最も受けたものに、ディープラーニングがあります。ディープラーニングは、それほどに多くのデータと計算機パワーを必要とするのです。

■脳に学ぶ――人々がAIブームで期待したもの

では、第2次AIブーム（一九八〇年代）と第3次AIブーム（二〇〇〇年代〜）の狭間にあたる「AI冬の時代」には、見るべきAI技術の進展はなかったのかというと、そんなことはなく、様々な動きがありました。

その中で最も大きなテーマが「データマイニング」と呼ばれる研究分野です。ちょうど一九九〇年代半ばから盛り上がってきたAIです。

データマイニングは、データベースにある膨大なデータ（＝ビッグデータ）から意味のある知識をAIが見つけ出すことを目指しています。データマイニングの研究は、企業を中心に主にマーケティング活動への応用を狙って取り組まれていましたが、残念ながら第3次AIブームを引き起こすまでには至りませんでした。図1・8とほぼ同様の背景を持っていたにもかかわらずです。

なぜデータマイニングでは起こらなかった第3次AIブームが、ディープラーニングによって起こったのでしょうか。このことは、ディープラーニング、ひいてはその上位の研究分野であるニューラルネットワークが持っている「脳に学ぶ」というアプローチ自体の魅力ではないかと思います。

私たちは、これまで幾度となく脳やその機能に大きな関心を寄せてきました、脳トレや脳年齢といった健康指向に由来する理由以外にも、脳が私たちの知的好奇心を刺激することは各種メディアでの脳の扱いを見ても明らかです。今回のＡＩブームの陰にも、また脳科学ブームの後押しがあったのではないでしょうか。

そのような背景から、まさに「脳に学べ」というアプローチであるニューラルネットワーク、そしてディープラーニングが第3次ＡＩブームの主役となるに足る魅了を持つに至ったのではないかと考えています。

1・5　機械学習だけがAIではない

■機械学習―AIが勝手に学ぶプログラムを作る

専門書を開いたことのある読者であればご存知だと思いますが、機械学習のメカニズムを説明するにはたくさんの数式が必要となります。

専門の研究者ですらこれらの数式を読み解いてアルゴリズムを完全に理解するには、相当の労力を要します。まして一般の方には、ほとんど意味がわからないでしょう。それもあって、本書ではここまで、あえてきちんとした定義や説明もなく「機械学習」という言葉を使ってきました。

とはいえ、ここから先の説明では、「ＡＩ」「機械学習」と言ってもいろいろあるということをイメージしていただく必要があります。そこで、本節では、機械学習の数理的な理解はひとまず置いておき、数式をできるだけ使わずに機械学習のやっていること、ＡＩ全体の中での位置づけなど、直感的にわかっていただけるように説明していきます。

まず、前節までで、ＡＩは人間が持っている一部の能力を実現したプログラムだと述べました。人間の持つすべての能力がプログラムとして書ければよいのですが、「暗黙知」のように、そもそも言葉で説明できない、つまりプログラミングできない能力もたくさんあります。例えば、「二足歩行」は、プログラミングはできませんが，実際に二足で歩いて見せることはできます。

このように、手続きはわからないが、実行して例示することはできる能力がたくさんあるのです。この場合、人間が実行してＡＩに見せてやり、そこでＡＩが自分でプログラムを学習していけばよいということになります。これが機械学習の背景にある考え方です。

そもそも「学習」とは何でしょうか。それは、「経験から賢くなる」ことです。日常的によくあるのは学校で授業を受けて賢くなっていく「教育による学習」ですが、ここでいう学習はもっと基本的なものです。この「経験から賢くなる学習」をコンピュータプログラムでやらせようというのが、「機

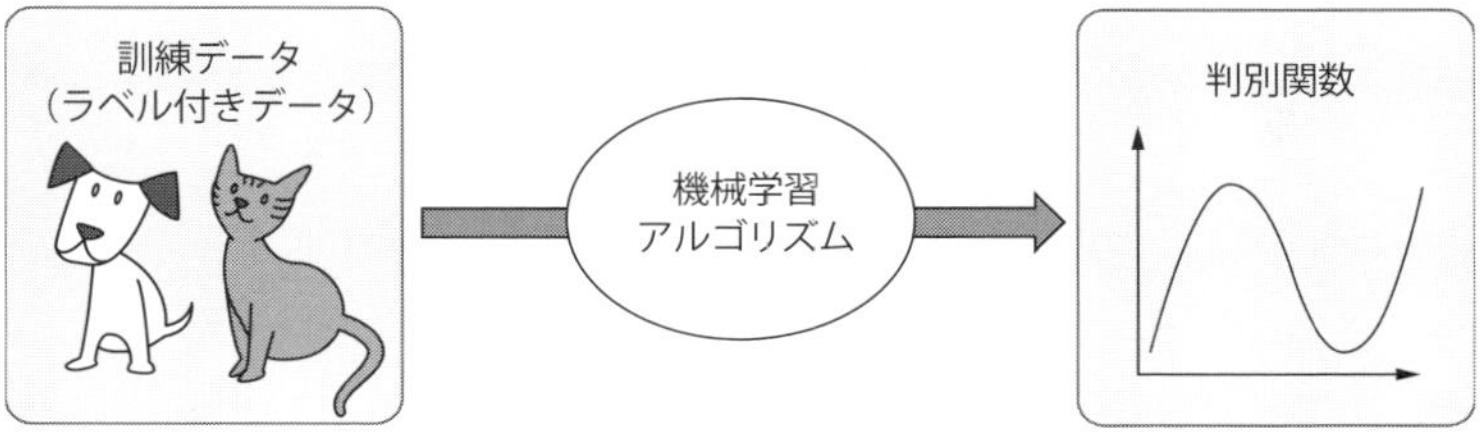

図1・9　機械学習がやっていること

械学習」です。そんなことができるのでしょうか。それがある程度できるのです。

■機械学習は何をどうやって学習するのか

図1・9は機械学習のやっている仕事をシンプルに模式化したものです。機械学習には、たくさんの種類がありますが、同図が示しているのは、いちばんよく研究され、実際によく使われている「教師あり分類学習」です。

「教師あり」とは、正解を教えてくれる教師がいるという意味です。「分類学習」とは、データを複数のカテゴリーに分類できるように学習するという意味です。例えば、「犬」「猫」の正解が付いている画像データを、犬の画像と猫の画像に分類できるように学習するのがこの教師あり分類学習です。

実は、この教師あり分類学習は、私たちの身のまわりでも使われています。例えば、スパムメールを自動的に振り分けてごみ箱に入れてくれるスパムフィルターと呼ばれるプログラムは、この教師あり分類学習を使っています。

さて、AIは、学習当初こそ「これは犬の画像」「これは猫の画像」と教えられても違いがわからないのですが、次第に自らその違いを見つけていきます。そして犬猫の判断を数学的に導き出すために、その違いを判定するための判別関数と言われる関数（1次関数、2次関数やもっと複雑な関数）を探し出して、それを使って答えを出力するのです。

機械学習がやっていることは、大体こんなところです。判別関数をどのように上手く探し出すかが肝になります。複雑な判別関数になると難しい分類ができますが、その分学習も難しくなります。

■ディープラーニングはAIのごく一部に過ぎない

前述したように、第3次AIブームを牽引しているのは機械学習（特に、ディープラーニング）であることは間違いありません。これを反映してか、昨今『ディープラーニングや機械学習だけがAIである』かのような風潮が目立ちます。

特にAI研究者やエンジニアですら、「AI＝機械学習（ディープラーニング）」と言って憚《はばか》らない人もいるぐらいです。しかし、これは正しくないというだけでなく、AIの様々な可能性を摘み取ってしまう、望ましくない考え方です。まったく嘆かわしい事態です。

実際のAI研究は、非常に多岐にわたっています。そのほんの一部を**図1・10**に示しました。研究

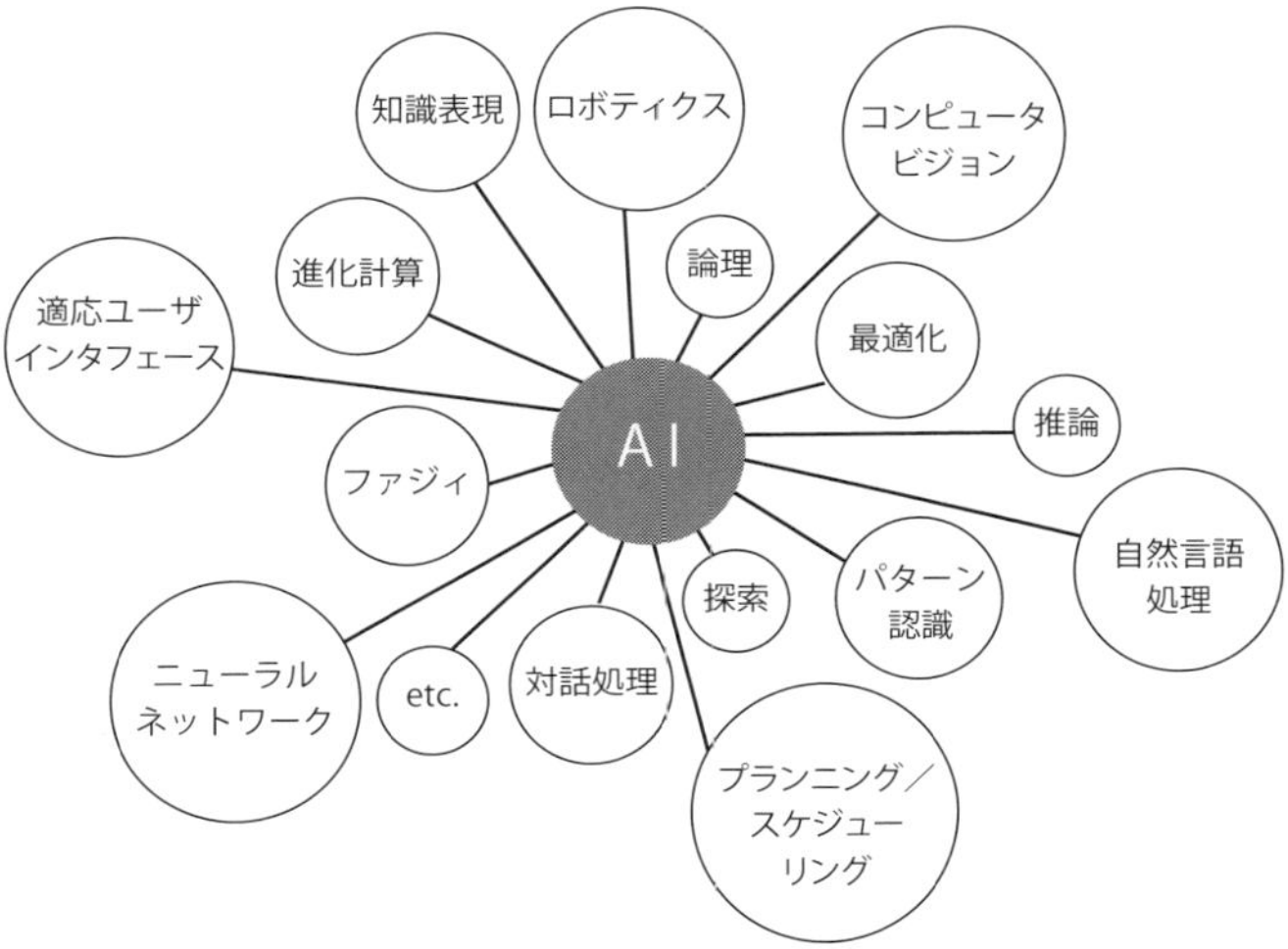

図1・10　AIのサブカテゴリ（タコ壺化）

者ではない一般の方にとっては、大半は馴染みのない言葉だと思いますが、何となく中身が想像できるものもあると思います。

　このように、現在のＡＩは多くのサブカテゴリに分かれており、ちょっとネガティブな見方をすると、タコ壺化が進んでいると言えます。一方、これらの技術を要素技術として統合したものが、ロボット技術であるという見方もあります。

　いずれにせよ、ＡＩ全体から見ると、機械学習はその一部でしかありません。さらに、ニューラルネットワーク（ディープラーニングの上位のカテゴリー）は、その機械学習の一部であり、ディープラーニングに至っては、さらにそのニューラルネットワークの一部にしか過ぎないのです。

■機械学習・ディープラーニング偏重の弊害

このようなＡＩのごく一部にしか過ぎない機械学習やディープラーニングがＡＩのすべてであるかのような誤解することが様々な問題を引き起こします。まず、ＡＩの応用範囲が実際よりも狭くなってしまうことが予想されます。本当は他に最適なＡＩツールがあるにもかかわらず、それを知らずに失敗するケースです。

例えば、元々機械学習が必要ない、つまり人間がプログラムを直接書いた方が正確で早く解ける問題に対して、機械学習を無理に使うケースがよく見受けられます。データ不足、もしくはデータが低品質のためにいくらやっても良い結果が得られずに、結局、ＡＩの導入自体が失敗するケースもよくあります。

このようなＡＩ導入の失敗は、企業において実際に数多く起こっていると思われますが、当然ながら失敗例はプレスリリースされないので、基本的に表に出てくることはありません。筆者自身も、関連するパーティなどで導入企業の担当者から、直接に愚痴混じりに聞くぐらいです。でも、その背後には、失敗例の屍が累々と横たわっていることでしょう。

いかな優秀なＡＩといえども適材適所で導入しないと、当然失敗します。そしてそれが続けば、社会のＡＩに対する期待を幻滅へと導いてしまうことは明らかです。過信と不信は表裏一体の関係なのです。

これは、研究者サイドの問題というよりは、センセーショナルに取り上げるメディアの責任が大きいのかも知れません。しかし、そのメディア報道に加担している研究者にも大いに問題があります。このような社会の科学技術に対する偏見や誤解は、最近では脳科学で目立っていたのが記憶に新しいところです。

実際のＡＩは、世間の印象よりもはるかに広い応用の裾野があり、多種多様な問題解決方法を提供することができます。それとは気づかず、いきなり機械学習・ディープラーニングにオールインしてしまう状況は、ＡＩ研究者から見れば大変もったいなく、残念でなりません。ぜひ読者の皆さんも、ＡＩ全体を俯瞰的視点で見ていただければと切に願っています。

1・6　AIの得意なこと、苦手なこと

■ユーザが知っておくべき最低限の基礎知識

専門家ではない一般の方とＡＩやその未来について意見交換した際、最近特に感じるのは、ＡＩの基本認識が乏しい方がまだ数多くいらっしゃるということです。各種メディアの記事から書籍、ある

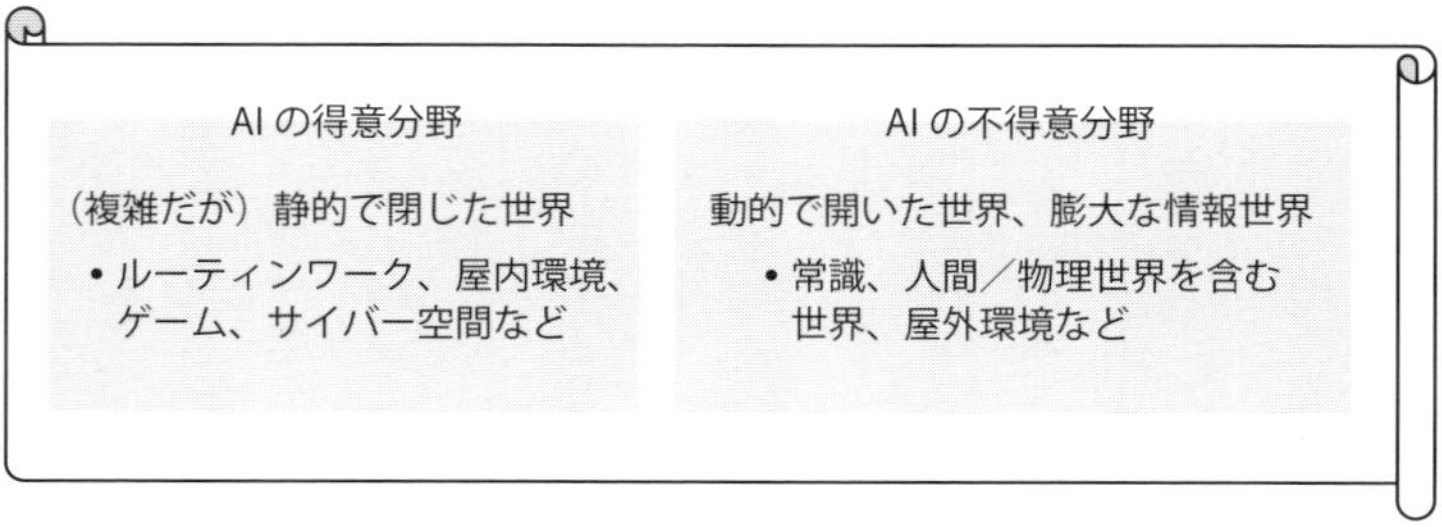

AIの得意分野	AIの不得意分野
（複雑だが）静的で閉じた世界	動的で開いた世界、膨大な情報世界
• ルーティンワーク、屋内環境、ゲーム、サイバー空間など	• 常識、人間／物理世界を含む世界、屋外環境など

図1・11　AIが得意／不得意なこと

いは技術系ブログまでこれだけ世の中にＡＩの情報があふれているにもかかわらずです。

ここでいう「ＡＩの基本認識」とは、ＡＩがどのように動くのかというメカニズムを理解することではありません。ＡＩアルゴリズムを理解する必要があるのは。研究者をはじめ、エンジニア、実務担当者だけで十分です。

それよりも、ＡＩの得意なこと・不得意なこと、つまりＡＩの本当の姿を理解しておくことが大切です。もともと無理筋な課題に適用したがためにＡＩ導入に失敗する事例が後を絶ちません。その結果「やっぱりＡＩって役に立たないよ」という拙速なレッテルが貼られ、ＡＩ利用全体が衰退していくことを恐れています。

ＡＩを開発する研究者・エンジニアの側と、サービスを利用するユーザ側が、ＡＩについての本質的でメタな知識を共有し、それに基づいて意見交換することが何より大切です。

■何事も予測可能なことが得意なＡＩ

では、ＡＩは何を得意・不得意としているのでしょうか。

筆者の考え方によれば、**図１・11**のようになります。まずは、ＡＩの得意分野から見ていきましょう。

ＡＩが最も得意とする、つまり最もＡＩ化しやすい対象とは、「(複雑だが) 静的で閉じた世界」です。「静的」とは変化しない、「閉じた」とは外界とやり取りがないという意味です。また「(複雑だが)」というのは、静的で閉じていても複雑な世界はたくさんあるという意味です。典型例としては、ルーティンワーク、屋内環境、ゲーム、サイバー空間などです。

例えば、囲碁、将棋、チェスなどのボードゲームは、局面の数は膨大になりますが、ルールが厳密に決まっており、途中で邪魔が入って駒がルール以外の動きをするということはありません。我々の身のまわりの物理世界では、室内環境が「静的で閉じた世界」となります。

これらの世界では、未来の起こることがほぼ予測できます。ということは、将来起こることに対応できるＡＩプログラムを人間が書けるわけです。現在のＡＩは、そのような世界でこそ威力を発揮します。

(a) テスラ車とトレーラーの位置関係

(b) テスラの事故車

出典：米運輸安全委員会（NTSB）報告書
（Accident Report, NTSB/HAR-17/02, PB2017-102600）（2007）

図1・12　テスラの事故

■自動運転がAIと相性が悪い理由

一方、不得意なのは、未来に起こることを予測できない「動的で開いた世界」や「膨大な情報世界」です。前述の「常識」は、この膨大な情報世界の典型です。

このような世界では、将来の出来事に対処するＡＩプログラムを書き尽くすことができません。例えば、株価を予測する機械学習は、一見未来のことを予測しているように思えますが、実際には過去の経験の範囲で回答しているに過ぎません。対照的に私たち人間は、過去とは大きく違う、初めて遭遇する状況でも、何とか対応を考えつくものです。

こうした得意・不得意は、あくまでも現状のＡＩに関するものです。現在、この不得意を克服すべく、日夜研究が続けられていることから、将来的には不得意が得意になる可能性があることは言うまでもありません。しかし、不得意分野の多くはＡＩの基本問題に絡んでおり、実際的には楽観視できないでしょう。

さて、もう一度、図1・11を見てください。AIの不得意分野として、「常識」「人間／物理世界を含む世界」「屋外環境」が挙がっています。なお、常識については、すでに1・3節で説明しました。「人間／物理世界を含む世界」「屋外環境」の典型例は、自動車や歩行者が行き交う街中です。AIの特性から言えば、自動車の自動運転はAIにとってかなり難しいと想像できます。はっきり言うと、不可能だということです。

ただし、ここで言う自動運転は、「動的で開いた世界」という意味での自動運転、つまり出発地点や目標地点、または時間帯・地域を限定せずに、人間のドライバーと同様に自動的に運転するという意味です。

二〇一七年五月に自動運転の将来を象徴するような事故がありました。テスラ社（イーロン・マスク氏がCEOである、EVや自動運転車の自動車メーカー）の自動運転車による事故です。アメリカのハイウエイを走っていた自動運転車が、前を横切ったトレーラーの横腹に衝突し（**図1・12**(a)）、フロントガラスからルーフにいたる車の上部をペチャンコに潰しながら、トレーラーの下をくぐり抜けた後、さらに何十メートルか走ってから止まりました（**図1・12**(b)）。一人乗車していたドライバーは、死亡しました。

なぜこんな悲惨な事故が起こったのでしょうか。一つには、トレーラーが前を横切るという状況を想定できなかったということが考えられています。太陽光が反射して真っ白に輝く壁のようなもの（＝前を横切るトレーラーの横腹）が現れるというのは想定外だったわけです。

整備された「静的で閉じた世界」に近い屋外環境であるハイウエイでさえも、想定外のことが起こるわけですから、日本に無数にある横から何が飛び出してくるかわからないような細い道ではどうなるでしょうか。答えは、明白だと考えます。

Column

◎ＡＩ研究者の仕事術

よく「ＡＩを研究するって、楽しそうですね」と言われることがあります。その場では「はい、遊んでいて給料もらえる楽しい仕事ですよ」と笑顔で応えるようにしているのですが、当然そうお気楽ではいられないこともあります。

ＡＩに限らず、大抵の研究職は同様だと思いますが、新しい研究テーマが簡単に見つかって、その研究が上手くいっている場合は、研究は楽しいものです。しかし、そんな理想的な状況はめったにありません。研究テーマの創出には産みの苦しみがあります。

この「新しいテーマを考える」のは、ある種の企画タスクであり、アイデア勝負なので、業務時間中はもちろんのこと、通勤中や自宅でも時間があると考えているものです。

たまに通勤電車の中で一心不乱に英語の論文を読んでいる人を見かけますが、一発で同業者だとわかります。一方最近では、車中ひたすらスマホゲームに興じる人をよく見かけますが、日々研究テーマの企画を迫られている研究者には、考えられない時間の使い方です。

また、筆者の場合は、平日の出勤前と帰宅後、そして土日の休日でもほとんど自宅で仕事をしていますす。高速インターネットの普及が、自宅での仕事の敷居をほぼゼロにしてしまいました。

本来は、オン／オフをはっきりさせた方が健康にも良いことは分かってはいるのですが、最近では自宅での仕事時間を自分の仕事のタスク管理に完全に盛り込んでしまっています。「この仕事の残りは、今日の帰宅後に、いやいや今週末に丸二日かけてやればいいや」と考えてしまうのです。『働き方改革』からは、完全に逆行していますね。

さて、そうした中でも何とか働き方を改善したいという要求は常に持ち続けています。いわゆるライフハック（効率良く仕事することで人生を豊かにする時間を創出する仕事術）も実践しています。

実際に一〇年ほど前から実行して、今も続いているのはＧＴＤ（Get Things Done）です。ＰＣ上で「インボックス」「プロジェクト」「キャビネット」という三つのフォルダを作り、直近の未処理の仕事情報（ファイル）はインボックス、進み始めたらプロジェクト、一段落ついたらキャビネットに入れていきます。常にＴＯＤＯとしてインボックス内を処理し、毎週金曜には同フォルダを空にしていきます。

このＧＴＤは、メールの管理にも同じように使えます。実際は、インボックス内にファイルが残りがちですが、なかなか気に入っているライフハックです。

第2章

私たちはAIに何を期待しているのか

２・１　「ＡＩが仕事を奪う」という大きな誤解

■ＡＩが大量の失業者を生み出す!?

ＡＩが人間から仕事を奪う。

そんなセンシティブなテーマを取り上げた世界的に有名な論文があります。二〇一三年のオックスフォード大学のＡ・オズボーン准教授らのテクニカルレポート*1です。そしてこれに関連して二〇一六年、同大学は野村総合研究所と共同で日本を対象にした調査レポート*2を発表しました。このレポートは、今後日本の労働人口の49％がＡＩにより代替可能だとしたもので、その衝撃的な内容から大きな話題となりました。

しかし、本書をここまでお読みいただいた読者にはお分かりのように、ＡＩが人間並にこなせる仕事は極めて限られています。

確かに、大規模かつ高速な演算や、データをグラフにして可視化することなどといった仕事はＡＩやコンピュータにしかできないことです。しかしその反面、それ以外のこと、例えば私たち人間が日常的に行っている「他者とのコミュニケーション」「身体を上手く動かして様々な作業をする」「目的地に徒歩や交通手段を使って移動する」「問題点を明らかにして、それを解決する」などといった多くのことは、少なくとも現在のＡＩにはほとんどできません。

前章で述べたように、現在のＡＩは人間の知能に比較すると2歳児のそれ以下です。2歳児に成人のやる仕事の約半分が代替できるとは到底考えられません。したがって、「ＡＩによって職が奪われる」という言い方はあまりにも盛りすぎだと言えるでしょう。

脚注　＊１：C. B. Frey and M. A. Osborne: The future of employment: how susceptible are jobs to computerization?
＊２：『日本の労働人口の49％が人工知能やロボット等で代替可能に　～　６０１種の職業ごとに、コンピューター技術による代替確率を試算～』、野村総合研究所、２０１５年

■結局は人間が選定している？

ここでは、後者のレポートを取り上げますが、特に注意すべきは、「（専門家の主観に基づいた）ＡＩで代替可能な仕事」をリストアップしたデータをもとに、機械学習を使って、「日本の労働人口の約49％が、技術的には人工知能やロボット等により代替できるようになる可能性が高い」と予測していることです。つまり、根拠となるデータが（専門家ではありますが）人間の主観に基

づいたものなので、正しいとは限りません。また、49％は「技術的には人工知能やロボット等により代替できるようになる可能性が高い」労働人口の割合であり、この「可能性が高い」の意味は、可能性が66％以上であるとのことです。正直、この66％はそんなに高くないように思います。つまり、あくまで最大値が、49％と解釈するのが妥当でしょう。実際には様々な要因により、49％よりもずっと低くなることが指摘されています。

このレポートでは、研究の目的を「AI無能・万能という両極端な議論から具体論に進むこと」と明確に謳っています。この意見には、筆者もまったく同感です。しかし、そのアウトプットである予測結果について筆者は、

「AIによって人間の仕事の一部が代替される。しかし、その代替される部分は限定的である」

と言うのが適切な予測だと考えています。しかし、通常の学術論文を書くときのように、そのような思慮深い、当たり前でつまらない予測では話題にもならなかったでしょう。

■コンビニ店員の仕事をAIに置き換えて考えてみる

AIで代替可能なタスクをコンビニ店員の仕事の例で説明します。

コンビニ店員の仕事を例に取り上げるのは、特別なスキルや能力を必要とせずにできると思われているからです。しかし、実際のコンビニ店員の仕事はレジ打ちだけではなく、**図2・1**に示すような

1. ○ 商品販売（レジ打ち）
2. ×商品の品出し（おでんの仕込み）
3. ×宅急便荷物の受取り・お届け
4. △ 商品の管理・発注
5. ×ATM・コピー機などの利用の説明
6. △ ギフト予約
7. ×クリーニング取次ぎ
8. ×中華まんなどの調理
9. ×床・トイレ・駐車場の清掃
10. ×ゴミ処理

○：AIで代替化　△：AIで部分的に代替化　×：AIで代替不可

図2・1　コンビニ店員の仕事のタスク

10個の細かい仕事（「タスク」と呼びます）に分かれています。なお、ここでは説明のためにタスクを10個としましたが、コンビニ店員のタスクがこれですべてというわけではありません。

さて、10個のタスクのうち、筆者の主観に基づきＡＩで代替できそうなタスクに◯、部分的には代替できそうなタスクに△、代替は無理なタスクに×を付けました。わりとＡＩに甘めに評価したつもりですが、この段階で◯が付いているのは、10のタスク中1つ、△を入れても3つとなります。逆に言えば、比較的ＡＩに代替できそうなコンビニ店員の仕事をとっても、ＡＩに代替できそうにないタスクがたくさん含まれています。

では、×を付けたタスクは、なぜ代替できないのでしょうか。

それらはすべて、「人間とのコミュニケーション」「繊細な身体動作」「人間の相手の気持ちを推し量る」「いろんな場所や時間で行う同じ作業」などのＡＩが苦手とするソーシャルスキルの要素を含むタスクです。これらの要素への対応は現在〜近未来のＡＩでは、人間並にすることは無理だと考えられるからです。

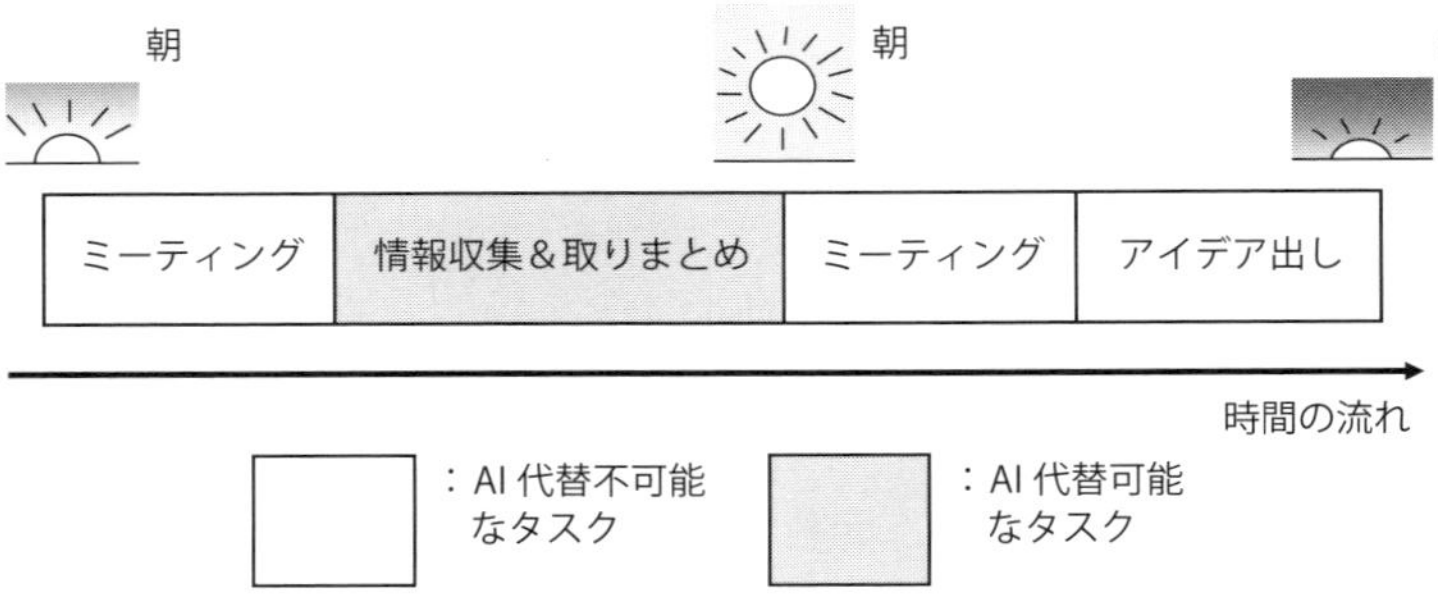

図2・2　一日の一人の人の仕事とタスク

■自身の仕事の「一部」をAIに代替させる

振り返って考えてみると、人間のやっている仕事（タスクではなく一人の人間のやっている作業全体）は、多かれ少なかれこれらのソーシャルスキルの要素を含んでいます。

例えば、人間とのコミュニケーションをまったく必要としない仕事など想像できません。つまり、**図2・2**に示すように、一人の人間の仕事が丸ごとＡＩに代替されることはほとんどないのです。その仕事を構成する様々なタスクのうちの一部がＡＩに置き換えられるだけなのです。

とはいえ、自分の仕事の一部にＡＩを活用するという意識を持つことは非常に重要です。個人であれ組織であれ、自身の仕事のどの部分のタスクがＡＩで代替可能か、そしてそれは費用対効果で見合うものかを考え抜かなければなりません。これなくしては、仕事の効率化、合理化ができない時代になっているのです。

ＡＩの導入によって、自分の仕事の一部分がＡＩに代替されるだけなのに、それをもって「ＡＩに仕事が奪われた」とする物言いは極めて不自然で非生産的です。むしろ、仕事の一部をＡＩが代わりにやってくれるので、人間は残ったタスクあるいは新たなタスクに専念でき、その結果、仕事をクオリティアップできると捉えた方がはるかに建設的ではないでしょうか。

長年、ＡＩ研究に携わってきた筆者としては、「ＡＩが仕事を奪う」というメディアの煽りに社会全体が惑わされて欲しくないという想いがあります。ＡＩは、パソコンや他の事務機器と同様にあくまで「ツール」です。そのツールを自身の仕事のどこに取り入れるのが有効なのか真剣に議論する機会が増えてくることを切に願っています。

２・２　実は、クリエーターの仕事こそAIに代替される⁉

■AIに代替されない仕事とはどんな仕事か

前節で紹介したオックスフォード大学と野村総合研究所の共同研究の調査レポートには、ＡＩに代替されにくい仕事として「クリエイティブな仕事」が挙げられています。

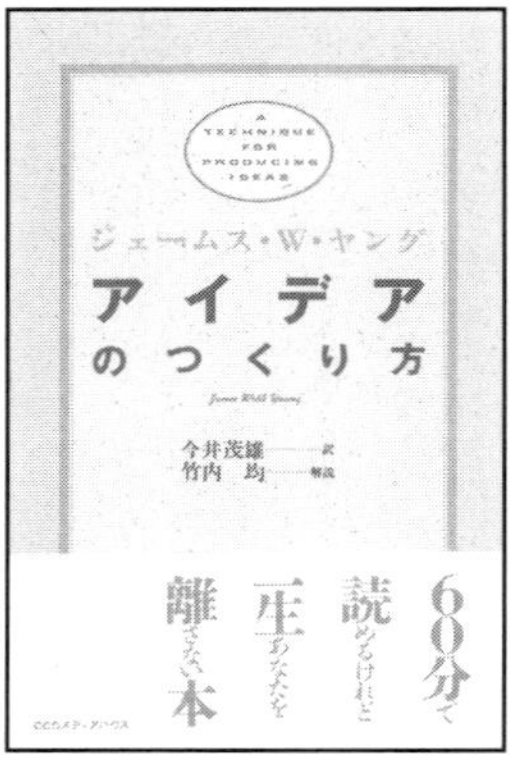

ジェームス・W・ヤング著　「アイデアの作り方」、今井茂雄（訳）CCCメディアハウス 1988年。原著は1940年米国で発行。邦訳版は 1988 年の発行以来、現在までに 70 刷以上のロングセラーのビジネス書。全体は 100 ページ程度で文字が大きく、行間が空いているので全体の文字数が少なく、例えば通勤の 1 時間で読めてしまう本です）

図2・3　『アイデアのつくり方』（J. W. ヤング著）

クリエイティブな仕事とは「企画を練る仕事」をはじめ、作詞家・作曲家、小説家などの「芸術家」、はたまた筆者らのような「研究職」などが入るそうです。しかし、本当にこのクリエイティブな仕事は、ＡＩに代替できないのでしょうか。

筆者の考えはむしろ逆です。実はクリエイティブな仕事こそ、ＡＩに代替されやすいのではないかと考えています。なぜそうなるのかには、それなりの根拠があります。

クリエーターの仕事につき物であるアイデアの発想法については、米国の実業家ジェームス・Ｗ・ヤングの名著『アイデアのつくり方』というバイブルがあります（**図2・3**）。この本でヤングは、私たちがアイデアと呼んでいるものについて、

「アイデアとは既存の要素の新しい組合せに過ぎない」

としています。つまり、ゼロからひらめいたまったく

オリジナルなアイデアなどそもそも存在しないというわけです。

そう言われれば、筆者にも思い当たるふしがあります。深夜、ふと画期的な研究テーマを思いついたときなど、そのときは眠れなくなるほど興奮するのですが（特にアルコールが入っていると大興奮）、一夜明けてみると「あれ、このテーマってあれに似ているな」とがっかりすることが多々あります。オリジナルのアイデアだと思いこんでいたものは、よく考えると既存のテーマのアレンジだったりするのです。

余談ですが、発想法をテーマにしたこの手のビジネス書は、星の数ほど出版されていますが、そのほとんどが腹立たしいほど内容がないものが多く、しかもそれがなぜかよく売れていたりします。そのため、編集者との雑談で「内容がないビジネス書ほどよく売れる」と話題になります（笑）。

■ＡＩの基本は、いかに効率良い組合せを探すか

さて、このヤングの考え方によれば、新しいアイデアを考えるとは、既存のアイデアの良い組合せを探せばいいことになります。これは、ＡＩの言うところの一種の「探索」です。

この探索を図示すると**図２・４**のようになります。図の楕円一つ一つが既存のアイデアの組合せを表していて、このたくさんある組合せの中で良いものを探していくというものです。

実はこの図は、ＡＩではポピュラーな図です。たいていのＡＩの解説書（例えば、拙著、馬場口登

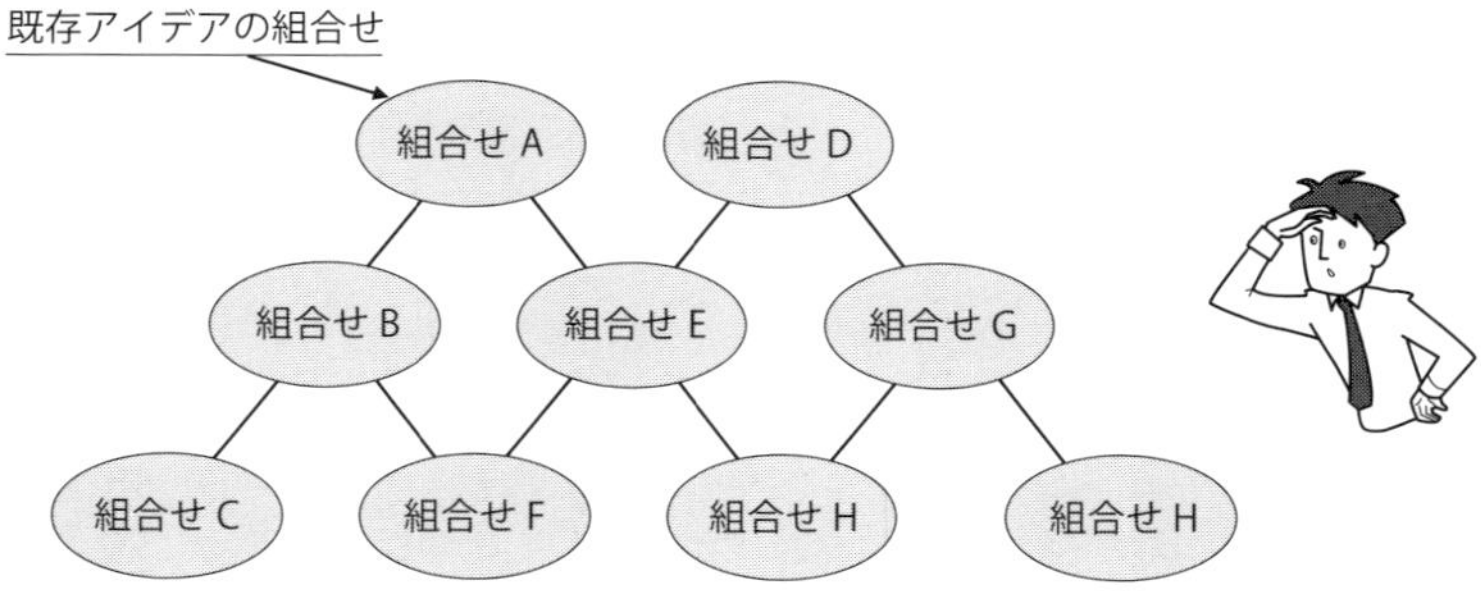

「A→B→C」、「D→E→H…」など探索のルートもポイントになる

図2・4　新しいアイデアを探す

・山田誠二著『人工知能の基礎（第2版）』オーム社二〇一五年）に出てくる「探索空間」と呼ばれている図です。

ＡＩ研究では、この探索空間を探して、いかに早く答えを見つけるかが「探索アルゴリズム」として研究されています。例えば、囲碁で人間に勝ったアルファＧＯで使われている技術も「モンテカルロ木探索」という探索アルゴリズムです。

このように高速なアルゴリズムと、高速計算可能なコンピュータを利用して、ＡＩは人間よりもはるかに早くたくさんの解候補を探索することができます。探索は「静的で閉じた世界」、つまりＡＩの得意分野なのです。

■クリエーターの仕事の中身は、実は機械的な仕事

クリエイティブな仕事の中身が実は探索に過ぎないのであれば、それは人間よりもＡＩが得意ということになりま

す。つまり、クリエーターの仕事は、実はＡＩに代替される可能性が非常に高い仕事だということです。

実際、クリエイティブとされている職種に対して、この話の信憑性を裏付けるいくつかの指摘がなされています。例えば、ポピュラーソング（ポップス）のジャンルの特に作曲の世界がそれです。ポップスでは、考えられるフレーズはほとんど出尽くしており、あとはコード進行に合わせてそれらの組み合わせるだけであると言われています。まさに、ヤングが指摘したような既存のアイデアの組合せをやっているわけです。

それがさらに進化したのが、「サンプリング」と呼ばれる音楽手法です。もはや楽器を演奏して音を作ることもせずに、すでにある音源をサンプリングし、組み合わせて曲を作るというものです。

■そこでAIと人間の役割分担が始まる

このように聞くとこれからの音楽はすべてＡＩから生み出されるかのように思えるかもしれません。しかし、事はそう簡単ではありません。ヤングの組合せによるアイデアのつくり方にも、今のところＡＩでは難しいタスクが存在するからです。

それは組合せを「評価するタスク」です。つまり、曲を聴いて、その曲の良し悪しを判定するタスクです。このタスクは、今のところ人間にしかできません。良し悪しの評価基準を人間だけが持ち合わせているからです。

問題は、人間が持つこの評価基準がはっきりしていない、暗黙知である場合が多いことです。そのため評価をＡＩにやらせようにも数式やプログラムを書けないのです。

そこでクリエイティブな仕事における人間とＡＩの役割分担が浮き彫りになります。ＡＩが、アイデアの組合せを探してきて、人間はそのＡＩが探してきた組合せを評価するという役割分担になっていくでしょう。ここでも、多くの人間とＡＩの役割分担と同様に、あくまで最終判断を行うのは人間なのです。

2・3　ＡＩは非常に使える「ツール」だ
―弱いＡＩバンザイ！

■ＡＩ外注化の落とし穴

このところ大手企業のＡＩ導入のやり方に、ある傾向が見られます。

自社で導入を一から始めるよりも、ＡＩベンチャー企業やＡＩスタートアップ企業に外注するケースが多くなっているのです。この経営判断自体は何ら問題ありません、むしろ当然の戦略といえるでしょう。ただでさえ、優秀な人材が採用しづらい昨今、自前でＡＩエンジニア（ＡＩ導入に長けたＩＴエンジニア）を採用したり、育成したりするのは時間やコスト面から非効率だからです。

ただし、外注化する場合には、注意しなければいけないことがあります。優秀な外注先ならばおそらく問題ありません。しかし、現状、様々な分野に対する幅広い知識と経験を持ち合わせ、適切なＡＩ技術の利用を客先に提案できるＡＩベンチャーは、まだそれほど多くないというのが実情です。

そうなると、クライアント企業に言われるがまま、とにかくディープラーニングさえ適用していればよいという提案になりがちです。こうしたＡＩベンチャーの多くは、クライアント企業が最終的に成功しようが失敗しようがお構いなしで、納品すればそれでおしまいというスタンスです。

ただ、ＡＩベンチャー側も、ＰＯＣ（Proof of Concept、概念検証、アイデアの実証を目的とした検証のこと）ばっかりで売上げが伸びない、いわゆる「ＰＯＣ貧乏」のリスクがあり、みんなアンハッピーな状況になります。

■何でもかんでもディープラーニングの弊害

この様子をフローチャートに表すと**図２・５**のようになります。残念ながら我が国のＡＩ利用はいまだこのような状況なので、クライアント企業の担当者からは次のようなぼやきも聞こえてきます。

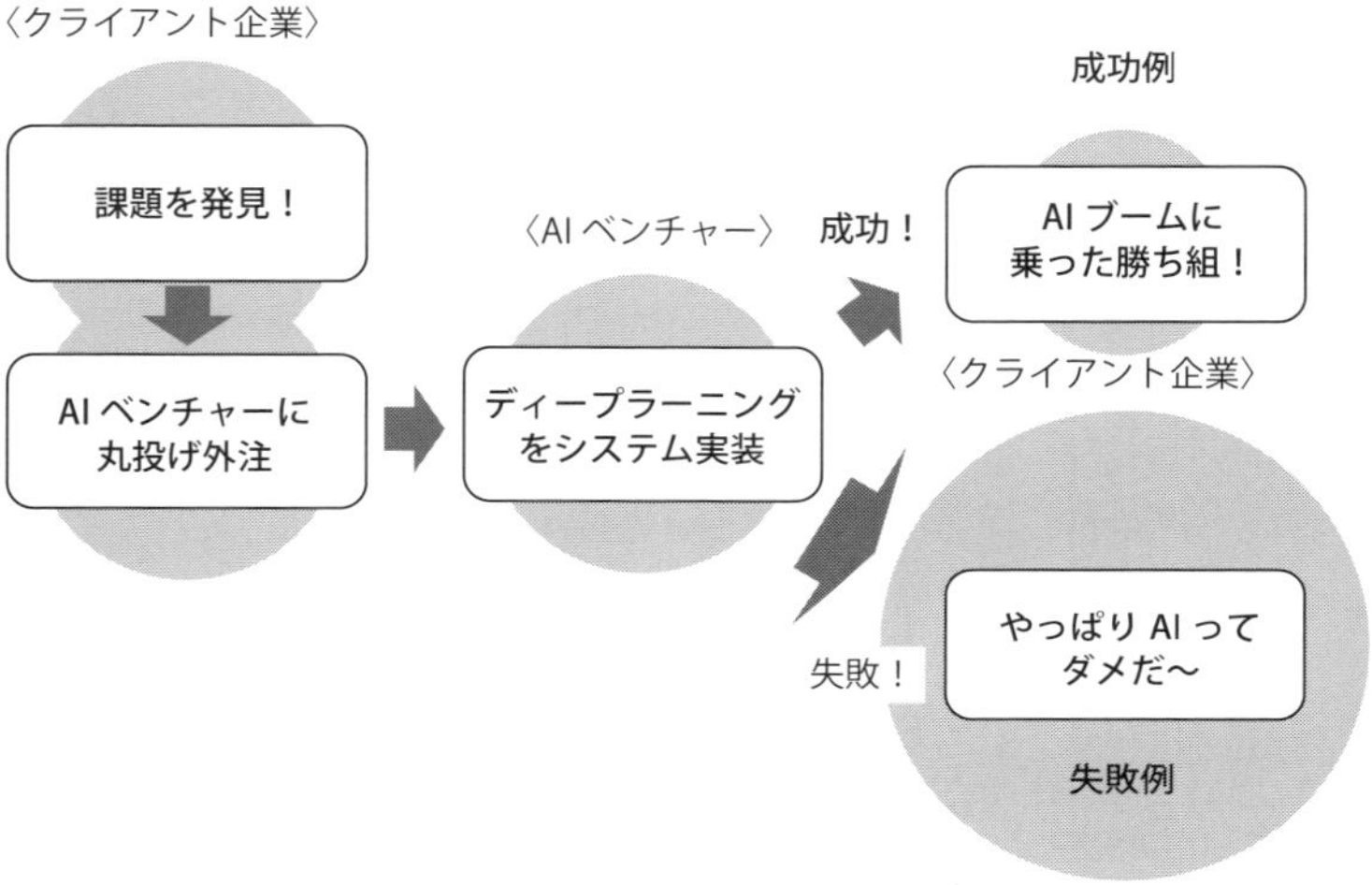

図2・5　AI強迫観念企業のありがちなパターン

「社長が「AIを使え」とうるさいので、知り合いのAIベンチャーに任せたんだよ。そしたら結構なお金をとってディープラーニングを入れていろいろやってくれた割には、結局うまくいかなくてさー、ガッカリだよ」

図2・5の成功例の円が失敗例のそれより小さいのは、想像されるそれぞれの実例数を表しています。要するに、相対的にディープラーニング適用の失敗例は、成功例よりたくさんあると考えられるのです。

優秀なAIベンチャーからは「ウチは違う」と怒られそうですが、この図に書かれたフローは、AIブームのさなかで研究者である筆者自身が見聞きしたいろいろな事例を総合したうえでの実感です。

■AI導入を失敗し続けるとどうなるか

この状況が続くほど、図２・５中の「失敗例」がどんどん溜まっていきます。すると社内や、取引先企業間でそのネガティブな情報が内々に共有されていきます。「内々に」とあるのは、失敗例であるがゆえに公には共有されないからです。そして、最終的には図２・５の失敗例のように「やっぱりＡＩってダメだ〜」という雰囲気が蔓延してしまいます。

こうなると成功するものもしなくなり、ＡＩ導入の熱も一気にしぼんでいきます。

ディープラーニング以外、数多くある「弱いＡＩ[*3]」と呼ばれるＡＩ技術の中には最適なソリューションがあるかも知れないのにです。

実際には、さすがにこうした雑なＡＩ導入に対する反省が始まっているはずです。

そこで機械学習の様々なタイプのアルゴリズムを試して、その中から良いものを選択するという方法が確立してくるのではないかと思われます。こうした方法は、いわゆるデータサイエンティストが用いるやり方に近いので、今後、データサイエンティストからのアプローチも増えてくるかもしれません。

＊3　弱いＡＩ：人間の知能全体の実現を目指す汎用ＡＩなどの「強いＡＩ」に対し、限定的な要件に対して解を見つけ、人間を支援するＡＩのこと。例えば、医療診断支援ＡＩや車の運転アシストＡＩ等。

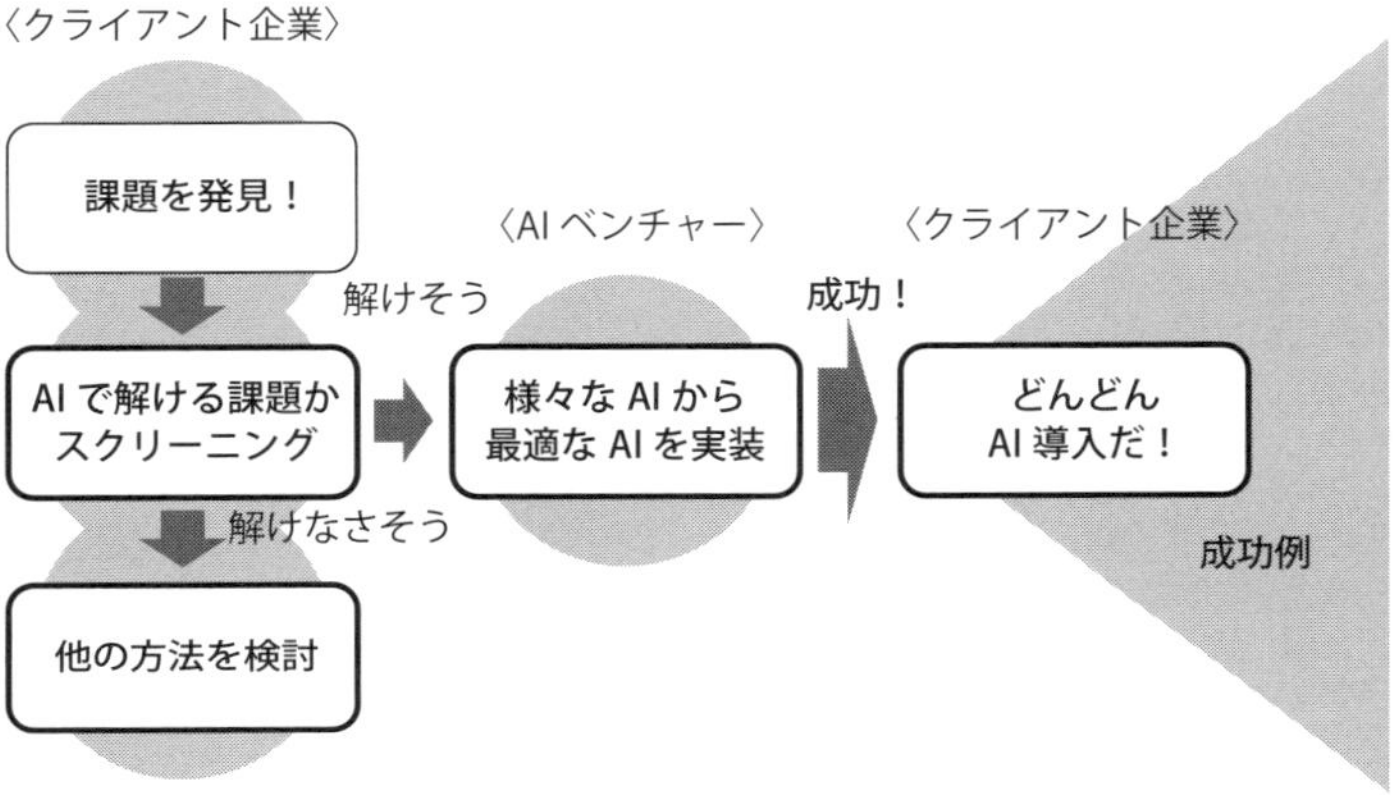

図2・6　AI導入はこうなって欲しい

■その課題の解決にAIを使うのは本当に正しいのか？

では、図2・5のようなフローを実際にどのように変えていけばよいのでしょうか。

代案は、**図2・6**のような感じです。主に太い枠の四角の処理が図2・5との違いです。

まず注目していただきたいのは、最初にクライアント側で「課題を発見！」した後、「AIで解けるか、課題スクリーニング」をしている点です。この手順はたいへん重要です。

1・6節で解説したように、AIには得意／不得意な分野があるので、それをクライアントが理解したうえで、適用対象の課題をあらかじめ選別（スクリーニング）することがとても重要です。そのためには、エンドユーザを含めたクライアントの側にAIに関する基礎知識であるＡＩリテラシーが不可欠となります。

選別の過程でＡＩでは解けそうにないと判明すれば、他の方法や技術を検討すればよいだけです。なお、この段階ではＡＩコンサルタントの活用も検討の価値があります。

■成功したら即横展開。まずは実績を作ろう

次に注目してほしいのは、図２・６の中央にある「様々なＡＩから最適なＡＩを実装」〈ＡＩベンチャー〉です。

つまりＡＩ技術（弱いＡＩ技術）といっても様々な種類があるので、その中から今の課題を解くのに最もふさわしい技術を選択・適用することです。この部分は、ＡＩベンチャーの仕事なので、クライアントが考えることは特にありません。

こうして全体として図２・６の流れを作ることで、ＡＩ導入の精度が高まり、成功例が溜まっていくことでしょう。失敗から学ぶことも大切ですが、成功例から学ぶことはもっと大切です。成功例を次々に企業をまたいで横展開していくことで、みんなで導入実績を増やしていくことができます。

弱いＡＩ技術（すなわち使えるＡＩ技術）にはどのようなものがあり、それぞれどんな特徴があるかといった基礎知識、目の前の課題に対してどうアプローチすべきかという判断や目利きの能力、これらの有無がＡＩ導入の成否を握っています。なお、これら「ＡＩリテラシー」の育成については、

3・5節で深堀していきます。

2・4 ディープラーニングは仕組みが分からないブラックボックスだ

■なぜディープラーニングのブラックボックスが問題なのか

本書で繰り替えし述べてきたように、第3次ＡＩブームの火付け役であるディープラーニングは、すでにこれを組み込んだ様々なサービスが登場し運用されています。

そうしたなか、実際にこれらのサービスを利用した人のなかには、なぜディープラーニングでは、この学習結果（「学習モデル」と呼びます）が出てきたのかが理解できず、不安だとする声をよく耳にします。いわゆる「ブラックボックス」（中のカラクリがどうなっているかわからない箱の喩え）になっているという指摘です。

こうした指摘は確かにその通りなのですが、ではなぜディープラーニングの学習モデルがブラックボックスだと問題なのでしょうか。

第一には、学習モデルを人に説明する必要がある場合です。特に人を納得させる必要がある意思決定では、なぜこのような学習結果が出たのかをＡＩが人に説明しないといけません。

第二に、学習が上手くいかなかった場合に、ネットワークの構造かデータを修正する必要がありますが、そのときにも学習モデルを理解しなければなりません。それができて初めて、どこをどう直せばよいのかが分かるからです。一般に、この学習の修正はとても難しく、途中で投げ出してしまうケースも多いのです。

カラクリを理解するにはディープラーニングとその親玉であるニューラルネットワークのアルゴリズムについて、最低限の知識が欠かせません。なので、ここではややこしいアルゴリズムには踏み込まないという本書のポリシーを少しの間だけ忘れ、なるべくわかりやすく説明をしていきます。

■脳を模したニューラルネットワーク

ディープラーニングは、ニューラルネットワークと呼ばれている機械学習の一つです。

ニューラルネットワークとは、人間の脳に数十億個ある神経細胞（ニューロン）が相互につながった神経回路網のことです。そして、ＡＩで「ニューラルネットワーク」と言えば、**図2・7**に示すように、神経回路網のモデルを使った機械学習を指します。

図2・7では、○がニューロンを示しています。矢印は、この方向だけに電気信号が伝わるリード線のようなものと考えてください。図の左の「入力層」にあるニューロンに入力データが与えられ、

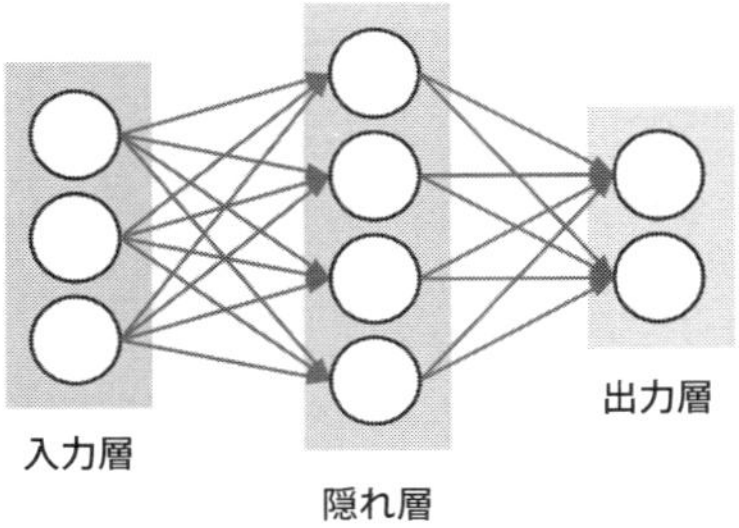

図2・7　神経回路網を模したニューラルネットワーク

そのデータに応じた大きさの電気信号がリード線を伝って右に流れていきます。

次に「隠れ層」のニューロンには、複数の入力層ニューロンから電気信号が流れてきて、それらの合計がしきい値を超えたとき、そのニューロン自身も次の（右の）層の矢印でつながっているニューロンに信号を流すという仕組みです。全体的には、一度入力が入ると左から右に電気信号が伝達されます。

ここで注目すべきは、各リード線に「重み」と呼ばれる数値が振られていて、それが大きくなると電気信号がよく流れるという性質があることです。

図2・7は教師あり分類学習を実行するので、入力に合った正しい出力が出力層に出るように、この重みをうしろ向きに調整していくことが、ニューラルネットワークのやっている学習です。人間の脳でも同様の学習がされていると考えられています。

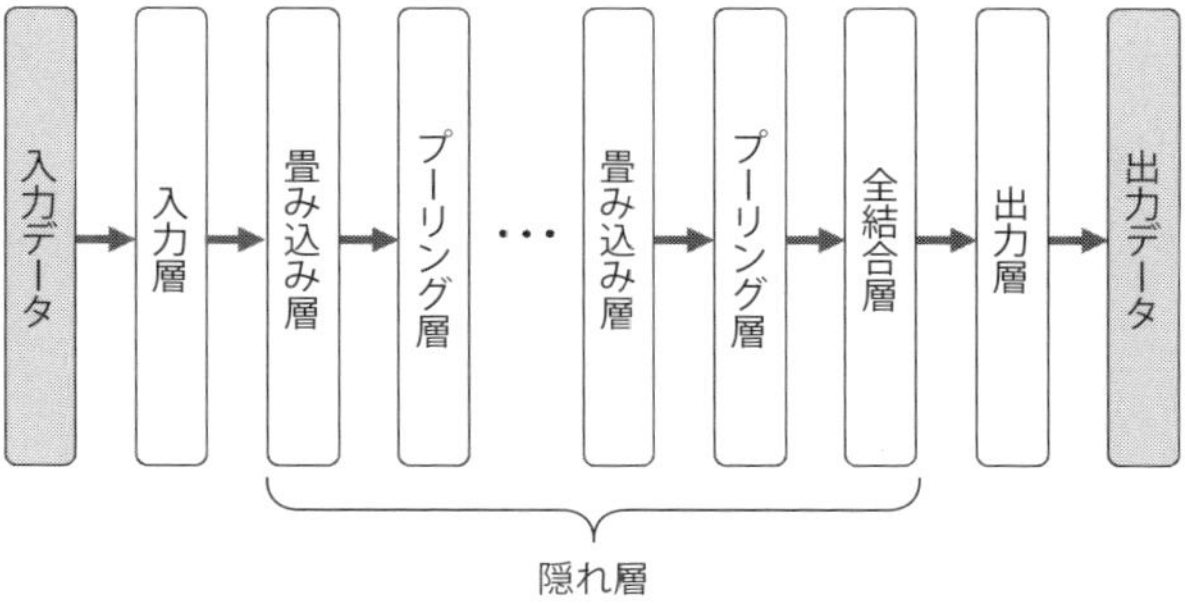

図2・8　CNN の構造

■ブラックボックスの正体

さて、ここでようやくディープラーニングの登場です。ディープラーニングとは、図２・７の隠れ層が４~５層以上になったものを指します。多層化することで、より複雑な判別関数が学習でき、その結果より難しい学習が可能となります。

また、実際によく使われるディープラーニングは、**図２・８**のような構造を持っています。隠れ層をＣＮＮと呼ばれる局所的処理を行う「畳み込み層」とぼかしを行う「プーリング層」のペアで追加していきます。すると不思議なことに「斜めの線」や「黒い領域」などの画像データの特徴が自動的に学習されることが分かっています。

さて前述のように、ディープラーニングの学習は、リード線についている重みの数値を調整することなので、学習モデルは、数値の羅列になります。例えば、**図２・９**のような感じです。

隠れ層が１００層以上の大規模なネットワークになると、この重みの数が数億個になるので、とても人間が見て理解できるものではなくなります。

これがディープラーニングの「ブラックボックス」と呼ばれるものの正体です。実は、人間がこの学習モデルを理解するためには、専用のＡＩが必要になります。それが、５・３節で紹介する説明可能な人工知能であるＸＡＩです。

現在、何とかこの膨大な重みの羅列を理解しようと様々な研究がされています。一つの方法は、見える化（可視化）しようというアプローチです。入力層から見て最初の2〜3層までは何とか意味のある可視化ができるのですが、それ以降は何が何やら分からないのが現状です。

6.55, 1.73, 7.98, 9.28, 4.17,
4.91, 3.53, 9.92, 4.58, 2.19,
4.38, 3.13, 5.59, 6.00, 1.76,
8.04, 8.08, 1.64, 7.88, 9.16,
2.,52, 9.90, 30.1, 8.27, 84.3,
3.63, 1.88, 5.55, 75.3, 8.64,
5.94, 9.89, 7.73, 6.91, 93.5,
4.85, 7.74, 4.31, 9.12, 3.35,
27.7, 3.49, 6.39, 4.70, 1.49,
51.7, 1.81, 5.11, 6.63, 5.77,
3.96, 1.20, 7.02, 9.83, 8.28,
3.43, 3.26, 7.90, 47.1, 7.43,
8.97, 1.76, 5.23, 76.1, 4.63,
2.78, 7.26, 1.53, 5.68, 7.42,
1.90, 21.0, 9.78, 6.44, 8.80,
1.13, 7.70, 9.99, 3.56, 5.87,
93.5, 3.62, 9.28, 7.31, 5.73,
2.46, 9.07, 4.51, 1.00, 6.80,
7.38, 4.38, 1.38, 6.04, 6.76,
4.75, 9.02, 7.71, 2.99, 5.81
……………

図2・9　数値の羅列であるディープラーニングの学習モデル

2・5　イノベーションは、医療・ヘルスケアから始まる

■ディープラーニングが画像認識を得意とする理由

我が国においてもＡＩの社会導入が急ピッチで進んでいます。その技術的な基盤になっているのは、前述したようにディープラーニングです。

このディープラーニングを実現するのに最もよく使われており効果を上げているのが前述のＣＮＮです。このＣＮＮは、ニューラルネットワーク研究の草分けである福島邦彦先生が一九七〇年代に開発されたネオコグニトロンにそのルーツがあります。

ネオコグニトロンは、脳の視覚野（目の網膜からの信号を処理する脳の一部）からインスパイアされて作られました。したがって、その由来からいっても、画像などの空間情報を処理するのに向いています。現在、ＣＮＮベースのディープラーニングが最も成功しているのが、画像認識や画像分類の分野であるのもうなずけます．

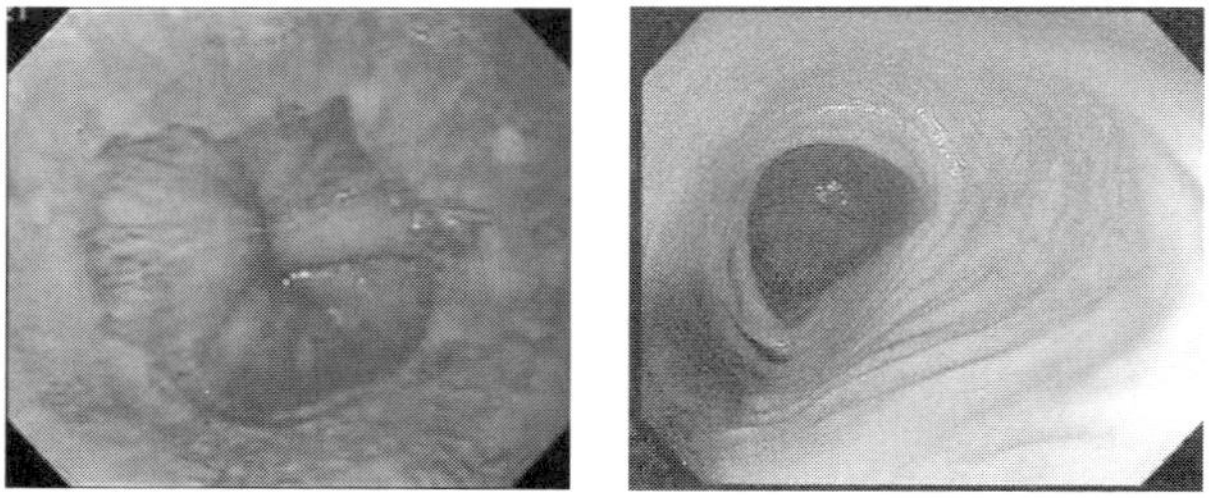

図2・10　胃（左）と大腸（右）の内視鏡画像

■圧倒的な精度・スピードを実現するAI画像診断

さてディープラーニングは画像認識に強いことがわかりましたが、ではどんなことに使えるでしょうか。

応用分野は数多くあるのですが、最も進んでいるものの一つが、医療への応用です。具体的に言うと「医療画像診断」です。医療画像のイメージとして**図2・10**に著者自身の胃と大腸の内視鏡画像を示します。

近年、我が国の医療現場には、CT（コンピュータ断層撮影）やMRI（磁気共鳴画像）による画像診断の普及が急速に進んでいます。その結果、現在では、年間の診断件数で一億件以上、撮影される画像も診断一件につき三〇〇枚を超えるケースも出てきており、また総撮影数も年々大幅に増加しています。

しかし、その一方でこの画像を読影する画像診断医の数は足りていません。

その人数は徐々に増えてはいるものの、急増する画像のペースに追いつかない状況が続いています。専門医の不足でもっとも懸念されるのは診断時の見落としによる誤診ですが、実際に数多く発生しているのではと言われています。

そこでＡＩの登場です。専門医の代わりに人間と同等の精度で画像を診断できれば、これは医療にとって大きな意義があり、ビジネス面でみても大きな市場が期待できます。

ＡＩはコンピュータプログラムなので、一日二十四時間休むことなく診断し続けます。人間のように不注意や疲れによるミスは起こしませんし、人間よりはるかに高速に診断することができます。このあたりはＡＩ、コンピュータの強みが十分に発揮されるわけです。また診断対象となる医療画像は、ＣＴ、ＭＲＩ画像だけではなく、当然ながら図２・10のような内視鏡画像も対象となります。

■画像診断用AIの開発には専門医の協力が不可欠

このように言うと、いいこと尽くめのように聞こえますがもちろん課題もあります。

まず、この医療画像診断は典型的な「教師あり分類学習」なので、精度を上げるためには高品質の訓練データが数多く必要になります。「高品質」とは、正解ラベルが間違っていないことを意味し、また「数多く」とは、おおよそ数万枚以上を指します。

医療画像に正解ラベルを付ける作業は素人には不可能です。そのため画像診断の専門医の協力を得て、ラベルを付けてもらうしかありません。つまり、画像診断用のＡＩを実現するには、医師の協力

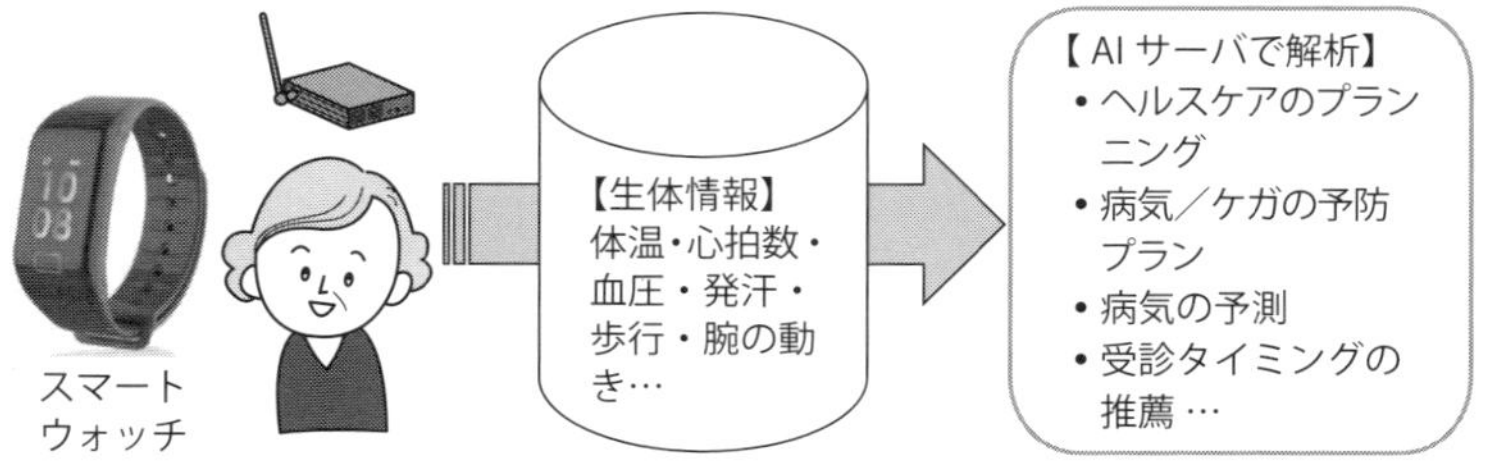

図2・11　AIによる見守り

が不可欠になるため多くの費用や時間がかかってしまうのです。

■AIとIoTの強みを具現化した見守りサービス

一方、AIはヘルスケアの分野への応用も大いに期待されています。そのうちのいくつかは、すでに実際のサービスが始まりつつあります。

ヘルスケアの分野でAIがどのように役立てられるか、典型的なユースケースを**図2・11**に示します。この図は、AIを利用して遠隔から対象者の健康状態をモニタリングするサービスを示したものです。このようなサービスでは、人間の体の生体情報（体温、心拍数、血圧など）を計測するため、AIとIoT（モノのインターネット）との連携が不可欠となります。

生活上の様々なシーンにおける生体情報をウエアラブルデバイス（例えば図2・11の様々なセンサが組み込まれたスマートウォッチ型デバイス）で計測して、そのデータをインターネット経由でAIサーバに送ります。

もちろん直接ＡＩサーバに送るほかに、いわゆるエッジコンピューティングと呼ばれる手法で、ＷｉＦｉで近くの小型ＰＣに送って、必要な処理はそこでやってしまうことも可能です。

■サービス内容によってAIを使い分ける

ＡＩサーバでは、集まったデータをＡＩが常に監視しています。

まず、体温、心拍数、血圧など、生体情報が急変した場合は、緊急事態なのですぐに病院や救急車に連絡します。この程度のことであれば、異変を発見するルールを人間がプログラミングして、ＡＩに組み込めば出来上がります。

一方、生体情報をもとに健康上の危険が迫っていることを警告するサービスでは、機械学習を利用します。このサービスでは、今後の症状や事故を予測して、危険な兆候が見つかった場合は予防のためのアドバイスをユーザに提示します。この予兆発見ルールは、人間には簡単には書けません。したがって、生体情報に関する大量のデータと、実際に起こった症状や事故を元に機械学習するのが上手いやり方なのです。

いずれにせよ、ＡＩはこれらのルールを使って、二十四時間休みなくユーザの体調をきめ細かく監視しながら、適切なアドバイスや処置を行うことができるわけです。

このような「見守りＡＩ」は、ＡＩ導入がなければ実現できなかった新しいサービスです。しかも、基本的にＡＩが見守るので、監視の人件費がほとんどかかりません。

さらにいいところは、センサ付のウエアラブルデバイスから得られる生体情報は、高齢者向けの「見守り」以外にも様々な用途があることです。例えば、加速度センサによる姿勢や歩数情報、ＧＰＳによる位置情報、小型カメラ／マイクなどから、日々の運動量、営業活動量、接客行動量，さらには幸福度までを推定できる可能性があります。

医療・ヘルスケアは、一般的に最も市場規模の大きな産業分野の一つだと言われています。この分野へのＡＩ導入を突破口として、これから先、社会の様々な分野へのＡＩ導入が進んでいくことでしょう。

Column

◎研究者は信念を持とう

ディープラーニング研究には、ゴッドファーザーとも言うべき傑出した人物がいます。そう、それはかの有名なジェフリー・ヒントン（現グーグル、トロント大学在籍）です。

大学生だったヒントンがニューラルネットワーク研究を始めた頃、ニューラルネットワークはいわば冬の時代でした。研究に没頭する彼は、指導教員から毎週のように「そんな研究止めてしまえ」と言われ続けていたそうです。当時、周囲の誰もが流行のＡＩ（ニューラルネットワークではなかった）を研究しており、ニューラルネットワーク研究は完全にマイナーな存在だったのでしょう。

ヒントンは、その後何十年にも渡り、他の分野に浮気することなく、ニューラルネットワークの研究を続けました。そして、その結果ディープラーニングのパイオニアとしての地位を確立したのです。

これと似たような話が筆者の身近にもありました。筆者が修士課程の大学院生だった頃、同じ研究室にニューラルネットワークを独自に研究し始めた博士課程の先輩がいました。

彼は当時流行っていたＡＩ（第２次ＡＩブームです）であるルールベースの推論プロセスをニューラルネットワークでモデル化して、正しい推論をするように学習する研究をしていました。今考えると、世界的にも極めてオリジナリティの高い優れた研究だったと思うのですが、当時指導にあたった教授も助教授も誰も彼の研究を評価できませんでした。変わり者扱いされた彼は、結局博士を取得できずに大手メーカーに就職して、まったく別の道を歩むことになりました。

さらに言えば、著者自身も似た経験を持っています。博士課程に進むにあたって、研究テーマを機械学習に設定したところ、先生達からは「機械学習は競争も激しく、難しいテーマだから止めておけ」と散々な言われようでした。ちなみにその中には機械学習が専門の先生が一人もいませんでした。

それでも筆者は、機械学習を博士課程の研究テーマとして押し通しました。そして数年後、AIのトップカンファレンス（最も名誉のある国際会議）に論文がアクセプトされるまでに至りました。研究者にとって、ブレないことは成功の秘訣だと思います。ただし、必要条件ですが。

ディープラーニングの成功を見るにつけ、重要な研究成果をあげるには、周囲が反対するときほど自分のやろうとしていることは正しいと思い込むぐらいの自信が必要だと思わずにはいられません。また、教育者として、研究における学生の自主性を最大限尊重し、新しい研究の芽を摘み取らないように心がけています。

第3章

AIを学ぶ、
AIに教わる

3・1　AI家庭教師〈アダプティブ・ラーニング〉による教育のカスタマイズ

■オーダーメイドの授業が可能なAI教師

最近、教育の世界ではアダプティブ・ラーニングという言葉が盛んに使われています。アダプティブ・ラーニング（adaptive learning）とは、「一人ひとりの学習の進み具合に応じて学習内容を最適化した指導」のことを言います。要するに家庭教師のように個別の生徒の理解に合わせて授業をカスタマイズしていく教育です。

現在の学校教育の場では、生徒一人一人に合わせた個別授業は非現実的です。そのような授業を教室でやろうとすれば、生徒の数だけ教師（人間）が必要になってしまうからです。しかし、コンピュータプログラムであるＡＩを教師にすればそれが可能になります。

ＡＩを活用したアダプティブ・ラーニングでは、あらかじめ生徒全員の個人データベースを作っておき、それぞれの生徒の学習の進捗状況を記録していきます。このデータベースをＡＩが参照することで一人ひとりにそれぞれ何が足りないのかを把握でき、そこから適切な学習指導を組んでいくこと

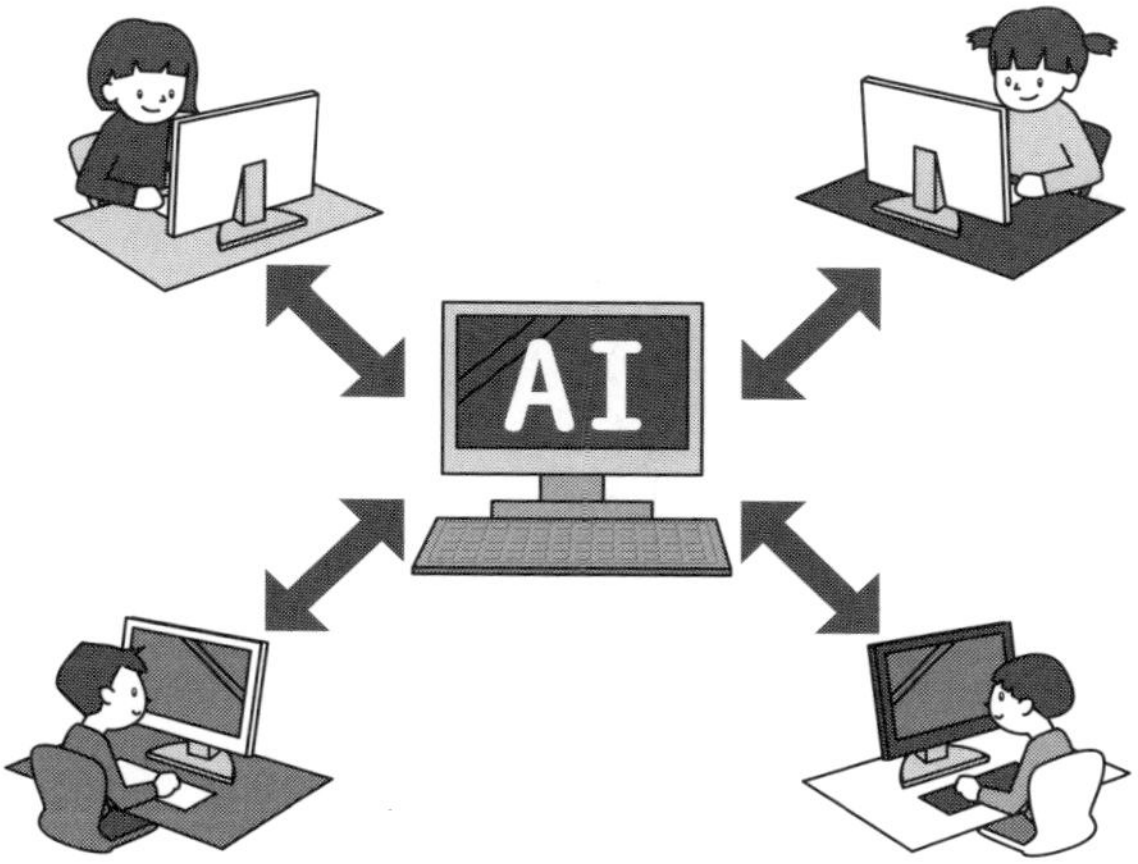

図3・1　AIによる適応学習

ができるようになります。まさに、ｅラーニング（インターネットなどＩＣＴを使った遠隔授業）を前提とするオーダーメイドの教育です（図３・１）。

■ＡＩ化により、よりきめ細やかな学力把握が可能になる

従来、アダプティブ・ラーニングと言えば、生徒個人に対する個別指導に加えて、統計的な手法を用いてその生徒本来の学力を測かり、教え方を最適化していました。ところが、ＡＩを導入することでこれが一変する可能性があります。

そもそもＡＩの分野では、学習の進捗状況を評価するための研究が長く行われてきました。そのなかで学習の進捗状況、すなわち学生の理解度をモデル化する取組みが行われてきました。

「学生モデル」と呼ばれるこれらのモデルはこれ

まで様々なタイプのものが作られてきました。

ＡＩ版のアダプティブ・ラーニングでは、従来の統計手法に変わって、学生モデルを導入することで、これまでの簡素な進捗モデルから、より詳細で柔軟な学生モデルへと進化しています。これにより「個別指導」の性能が大きく向上することが期待できます。

評判の良い人間の教師は、それぞれの生徒の技術や性格の細かな違いを理解して指導します。だからこそ、授業の成果が出るし、生徒にも好かれます。それと似たことが、ＡＩ版アダプティブ・ラーニングでも可能となるのです。

■意外と大切なＡＩ教師のルックス

さて，ＡＩ教師はどんな「外見」を持つべきでしょうか。

ＡＩ教師の外見は、ＰＣディスプレイ上の外見ですのでＣＧで好きに描けます。なので、必ずしも人間のような外見である必要はありません。かえってどんなデザインにすればいいのか迷ってしまうぐらいです。

ちなみにロボットの教師では、こうはいきません。ロボットはモノとしての外見を持っているのでおのずと形が決まってしまいます。例えば、人間の外見を超リアルに再現しようとすれば、たいへんコストがかかりますし、一度形を決めたらもう変更することは難しくなります。

図3・2　AI教師の外見は??

ＡＩ教師の外見デザインについて、筆者の研究グループでは、

「ＡＩ教師の外見は、教える対象分野に一致していると教育効果が向上する」

という仮説に基づいて様々な実験をしています。

例えば、**図３・２**にあるように「ロボット技術は、ロボットが教えるのがよい」「武士の歴史は、武士が教えるのがよい」ということです。真偽のほどは現在、検証中ですが、仮説が立証されれば、ＡＩ教師の外見を決める際のヒントになると思います。

■ライバルはＡＩ同級生

さて、これまではＡＩを「教師」にするとどうなるかについてお話ししてきました。

しかし、これからはそれに加えて、ＡＩが「生徒」になる、つまりライバル役の「ＡＩ同級生」が現れるでしょう。

通常のｅラーニングでは、生徒はそのときのユーザ一人ですが、もう一人のクラスメイト役をＡＩが演じるのです。その結果、先生とクラスメイト一人の二人がＡＩになります。

ライバル役のＡＩ同級生をどのように設計するかについては一つポイントがあります。

それは、ＡＩ同級生がユーザよりも「少しだけ、できる子」にしておくことです。なぜなら、ＡＩ同級生がユーザ（人間の生徒）の少し先を行く、良きライバルになれば、ユーザは何とかＡＩ同級生に追いつき追い越したいと考えるようになるからです。

つまり、適度な競争心が生まれ、熱心に学習することが期待できます。反対に、もしＡＩ同級生がユーザよりずっと先に進んでいると、ユーザは「こりゃダメだ、とても追いつけない」とかえってやる気をなくしてしまうでしょう。

■学校は必要なくなる!?

アダプティブ・ラーニングは、インターネットに繋いだウェブブラウザで利用できるので、自宅はもちろん通勤・通学時、あるいは喫茶店や公園でいつでも個別指導を受けることができます。そして、ゆくゆくは生徒がみんなで毎日同じ時間に教室に集まる必要がなくなり、最終的には現在の形態の学校そのものが必要なくなるかも知れません。そうなると、学校の授業や教師の役割はこれまでとガラッと変わってしまう可能性があります。ただし、筆者は、ソーシャルスキルの学習のためには、同級生と対面でコミュニケーションを持つことは重要であり、そのためには、学校の教室は残り続けるだろうと思っています。

このように、アダプティブ・ラーニングとＡＩの普及が教育に与える影響には、計り知れないものがあります。

ぜひ教育関係者の方々には、まずはあるべき教育の機能をもう一度捉えなおし、人間とＡＩやアダプティブ・ラーニングの役割分担がどうあるべきかを真剣に考えていただければと思います。

3・2　本当に子供たちに必要なプログラミング教育とは

■身につけたいのはプログラムの書き方ではない

二〇二〇年度から小学校では「プログラミング教育」が始まります。

プログラムとは、コンピュータに対する命令を書いたものです。プログラムを書くことをプログラミングと言います。コンピュータは、プログラムに書かれた命令を間違わずに実行します。図3・3

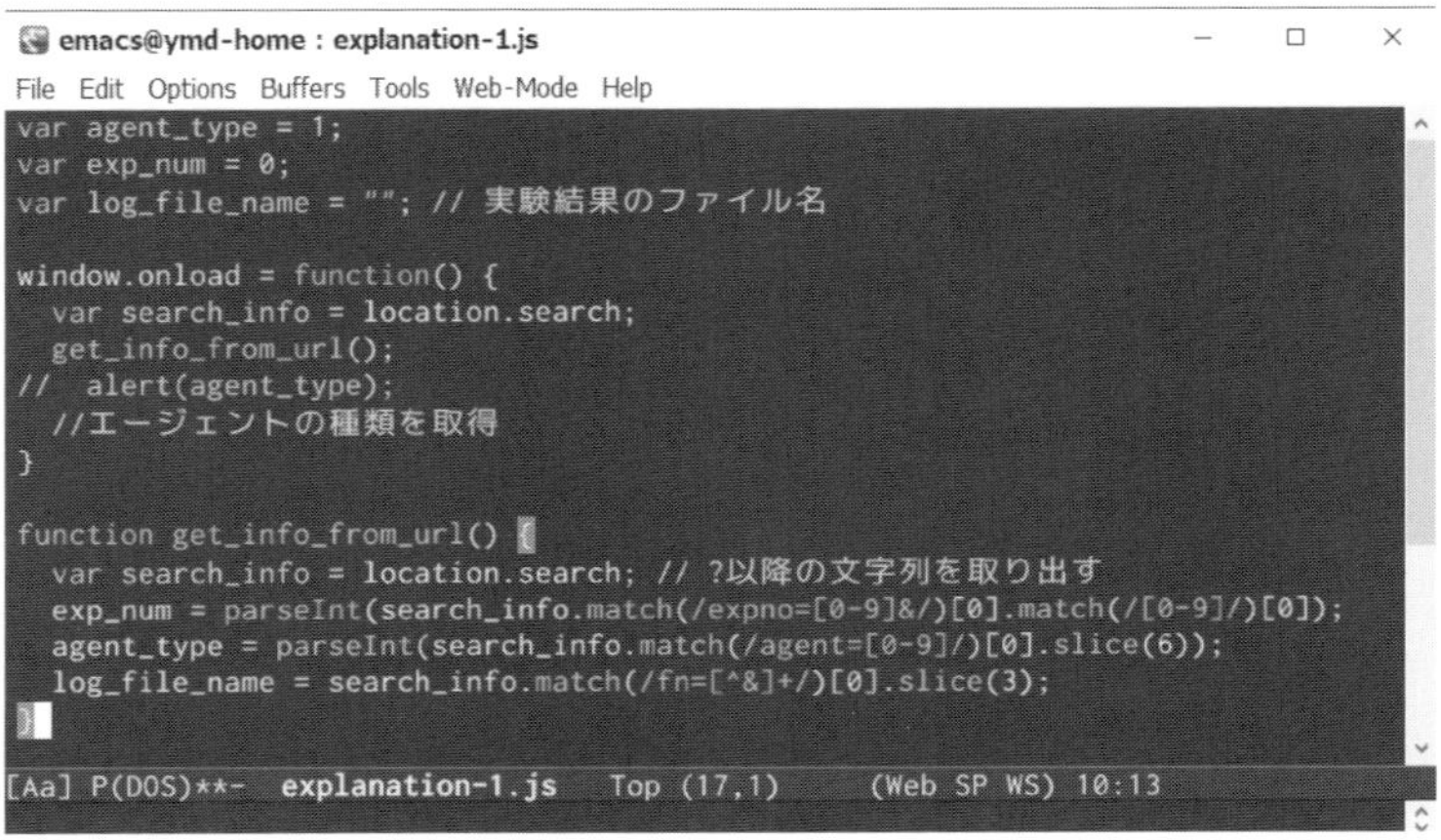
emacs@ymd-home : explanation-1.js
File Edit Options Buffers Tools Web-Mode Help
var agent_type = 1;
var exp_num = 0;
var log_file_name = ""; // 実験結果のファイル名
window.onload = function() {
var search_info = location.search;
get_info_from_url();
// alert(agent_type);
//エージェントの種類を取得
}
function get_info_from_url() {
var search_info = location.search; // ?以降の文字列を取り出す
exp_num = parseInt(search_info.match(/expno=[0-9]&/)[0].match(/[0-9]/)[0]);
agent_type = parseInt(search_info.match(/agent=[0-9]/)[0].slice(6));
log_file_name = search_info.match(/fn=[^&]+/)[0].slice(3);
}
[Aa] P(DOS)**- explanation-1.js Top (17,1) (Web SP WS) 10:13

・テキストベースで処理内容を記述

図3・3　プログラミングの例

にプログラムのイメージとしてJava Script（ジャバスクリプト）という言語で書かれたプログラムを示します。

ところで、このプログラミング教育の目的は、いわゆるプログラミングの技術を習得することではなく、「プログラミング的思考」を身につけることだそうです。

筆者は、情報系の研究者であると同時に大学教授という教育者でもありますが、恥ずかしながらこの「プログラミング的思考」という言葉を聞いたことがありません。

文部科学省の「小学校プログラミング教育の手引（第二版）」（平成三〇年文部科学省発刊）には、「プログラミング的思考」について、次のような説明があります。

「自分が意図する一連の活動を実現するために、どのような動きの組合せが必要であり、一つ一つの動きに対応した記号を、どのように組み合わせたらいいのか、記号の組合せをどのように改善していけば、より意図した活動に近づくのか、といったことを論理的に考えていく力」

具体例がないため、分かりにくい文章ですが、簡単に言えば「目的達成に必要な手順を論理的に考える力」ということです。「目標達成に必要な手順」とは、プログラムそのものを指すので、言い換えると「プログラムを論理的に考える力」です。さらには、単に「論理的思考」と言ってもよいと思います。

論理的思考を養うとしたこの方針には、筆者もまったく同じ意見です。なぜなら、この論理的思考こそがプログラミングの本質だと考えるからです。

■子供のうちから徹底的に論理的に考えさせる

普段、私たちは物事を相当いい加減に考え、またいい加減な言葉で人に伝えています。日常的にはいい加減なことを言っても、聞いた人が上手く解釈してくれるからです。しかしその一方で、ここいちばん「相手を納得させたい」「相手を説得したい」というような場合は、決していい加減でよいとは考えないはずです。

そのようなとき、人類共通で有効な伝達手段は「論理」を使うことだと言われています。それほど論理的に筋道立てて考え・伝えることは、コミュニケーションの観点から普遍性があり、重要なのです。

もちろん、現実的には理屈ではなく相手の感情に訴えることが有効な場面もありますが、それは理屈が通じない場合のプランBであり、プランAとしては理屈が通っていることが大事です。

翻《ひるがえ》って考えると、コンピュータというマシンは、まったく融通がきかず、完全に論理的な命令しか聞かない「超堅物な奴」と考えることができます。ただし、この相手は、論理的命令を与えさえすれば、どんなことでも嫌がらずにその通りにやってくれる「忠実な奴」でもあります。

このような融通のきかない奴（コンピュータ）とのコミュニケーションを体験すること、またそのコミュニケーションに必要なプログラムを考えることは、私たちが日頃、あまり経験しないことです。だからこそ、小学校の「プログラミング教育」は、子供たちにとって、物事を完全に論理的に考えてみるというとても貴重な訓練になるのです。「論理的思考の獲得」、これこそが、「プログラミング教育の本質」であるべきです。

■プログラムが書けても、AIは作れない

さて、プログラミング教育は、ＡＩの開発にどう役立つのでしょうか。

本書の冒頭に紹介したように「ＡＩとはプログラム」なので、プログラミングを習得することは、ＡＩを作るための基本的な技術を身につけることを意味します。

ただし、プログラミングができるようになったからと言って、ＡＩを作れるわけではありません。ＡＩを作るには、その基本となるアルゴリズムを考える必要があるからです。

アルゴリズムとは、問題を解くために必要な手順を形式的に表現したものであり、そのままではコンピュータに通じない、人間向きの表現です。

プログラミングは、このアルゴリズムをコンピュータに通じるプログラムに書き換えることなのです。そして、このアルゴリズムを作り出す作業は、今のところ「人間にしかできない仕事」なのです。

■ビジュアルプログラミングでは論理的思考は養えない

なお、プログラミング教育の具体的な方法として、ビジュアルプログラミング言語が注目されています。

実際、そのようなパッケージ商品もいくつか販売されています。ビジュアルプログラミングとは、フローチャートというアルゴリズムを図示したものを書けば、それがそのままプログラムとなるようなプログラミング言語です（**図３・４**）。

しかし、筆者はビジュアルプログラミングがプログラミング教育に適しているとは考えていませ

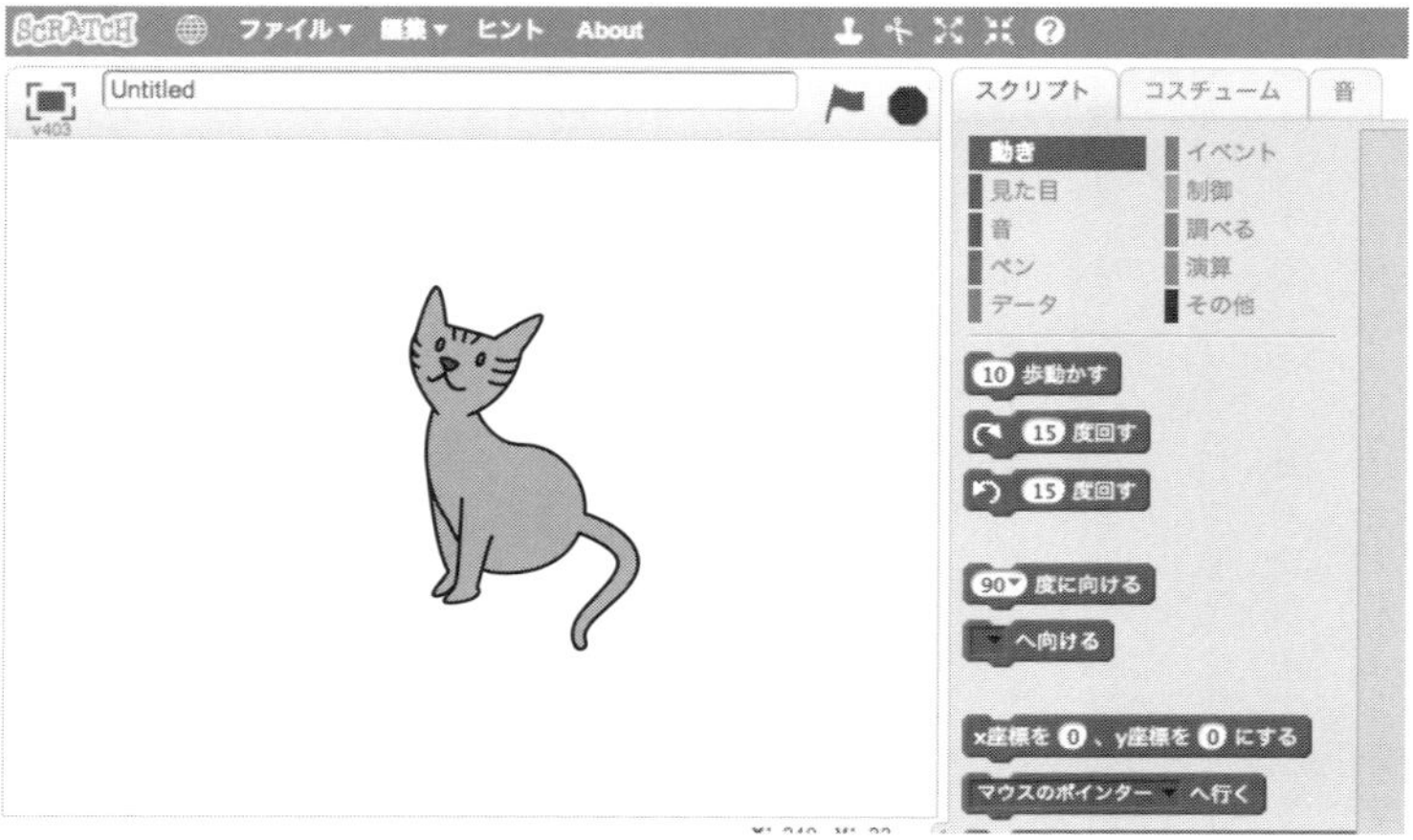

・ブロック状になった出来合いのコマンドをグラフィカルに組み合わせていく

図3・4　ビジュアルプログラミングの例

ん。なぜなら、ビジュアルプログラミングは、アルゴリズムをプログラミングに書き換えるという論理的思考をすっ飛ばしているからです。

言い換えると、ビジュアルプログラミングは、ある種の「いい加減さ」を許容してしまい、プログラミングにおける論理的思考の育成を疎外するのではないかと危惧しています。

どうも見かけのとっつきやすさに引っ張られて、ビジュアルプログラミングが子供のプログラミング教育に適しているという議論があるように思います。

このあたりは、心理的に多少敷居が高くなっても、最終的な論理的思考の学習効果が期待できる通常のプログラミング言語（図3・3）を選択すべきだと思います。

３・３　教育→就職→再教育→再就職——リカレント教育はAIに任せろ

■二度目、三度目の就職のための学習

「人生一〇〇年時代」というキャッチコピーをそこかしこで見かけるようになりました。一〇〇年生きることを前提とするならば、健康や家計のみならず、職業や働き方についてもこれまでとは違った考え方やアプローチが必要です。

働ける期間が延びることで、一つの仕事を一生かけてやるというライフスタイルは廃れていき、長い人生でいくつかの仕事に就くというケースが増えてくるでしょう。

一つのキャリアを終えたのち、次にまったく別の仕事に就くためには職業訓練・教育などのサポートが必須です。そこで注目されているのが「リカレント教育」です。

リカレント（recurrent）とは、「再帰的」「循環する」といった意味です。リカレント教育とは、一度大学や高校を卒業したあとしばらく働いて、また学校に戻って勉強し直すこと、そしてそれを繰り返すことを意味します。これは**図３・５**のサイクルを繰り返すことになります。

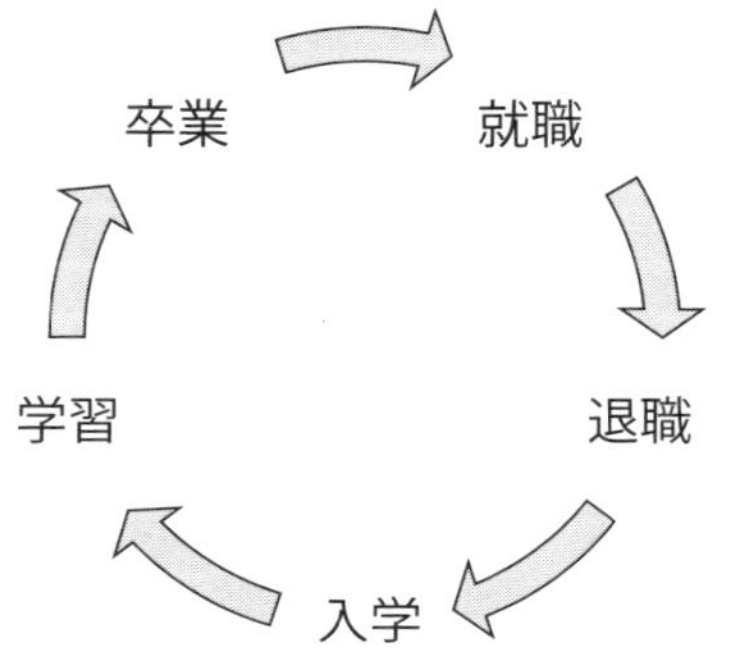

図3・5　リカレント教育のサイクル

図では、退職の後に入学となっていますが、後述するように退職せず働きながら「入学→学習→卒業」を済ませ、卒業後に「退職→就職」というケースの方が主流になると思います。

なお、一般にはリカレント教育の修了後に必ず「就職」があるわけではありませんが、典型例としてこの場合を扱います。

■リカレント教育による学習イメージ

最初の就職では、誰しも学校で学びながら就職活動をし、卒業したのちに企業に就職します。その間、大学であれ高校であれ、学校での学業に専念することができます。

しかし、2回目以降の就職では、普通そうはいきません。新たに必要となる知識の習得のために仕事より学校を優先させることは難しく、働きながら学習する以外にないというケースが多いのではないでしょうか。

そこで活躍するのが、3・1節の「AIによるアダプティブ・ラーニング」です。いつでもどこでも授業を受けることができるというのは、在職中の学習にとって大きなメリットです。自宅でも通勤中の電車の中でも、ネットに繋がっているスマートフォンかPCさえあれば次のキャリアのための準備ができるのです。

リカレント教育のサイクルを上手く回していくためには、国や企業によるキャリア支援、企業による転職者（特に、高齢者）の積極的採用、そして国民の意識改革が必須です。そしてもう一つ、リカレント教育の敷居を大幅に下げることができるのが、AIによるアダプティブ・ラーニングなのです。

■リカレント教育は、大学の新しい事業の柱になる

リカレント教育は、大学などの学校側にとってもメリットがあります。現在、少子化の影響でほとんどの大学で受験生が減っており、今後も回復が見込めない状況です。

こうしたなか、リカレント教育は、新たな受験生を増やす大きなチャンスになります。

筆者は、大学院で教鞭を執っていますが、特に博士課程（大学院には、修士課程（2年）とその後の博士課程（3年）があります）に社会人として働きながら入学する学生が増えています。

彼ら社会人大学院生の最大のモチベーションの一つが図3・5の就職（再就職）です。例えば、教

りとして大学に再就職したいといった場合、理系では博士号を持っていることが採用の必須条件になります。

大学で必要とされているのは、最先端で活躍できる研究者ばかりではありません。すばらしい研究実績がなくとも、丁寧で分かりやすい講義が評判の大学教授になる道は十分あり得るのです。

■AIマッチメイキングは新ビジネスの宝庫

ＡＩを活用したリカレント教育とは、アダプティブ・ラーニングだけありません。筆者は、「ＡＩによる賢いマッチメイキング」が役に立つと考えています。

マッチメイキングとは、人や組織の間を取り持つことです。例えばユーザにふさわしい結婚相手をＡＩによって見つけるというＡＩ婚活支援サービスがその典型例でしょう。

ＡＩ婚活では、膨大な登録データベースのなかから、身長、体重、年収、出身地、勤務している企業、家族構成など様々なパラメータを考慮し、ある計算方法によってピッタリの相手を探し出します。

単純な検索ではなく、相手に対する条件が細かく指定できるほか、ユーザが意識していない好みや価値観をＡＩが推定して探し出すところがＡＩマッチメイキングの特長です。

このＡＩマッチメイキングは、教育に活用することが可能です。前述の社会人受験生と、大学とのマッチングもその一つです。リカレント教育を受けるために学校を探している社会人と大学との間を取り持つことに利用するのです。

３・４　圧倒的に不足するAI人材をどうやって増やすか

■AI時代に必要になるのはどんな人材か？

ＡＩが社会に浸透するほど必要になってくる人材があります。

その一つが、プログラミングやシステム開発をやっているＩＴエンジニアを超えた「ＡＩエンジニア」とも言うべき人材です。

このＡＩエンジニアには、プログラムを書くだけではなく、ＡＩ導入プロジェクト全体をコーディネイトし、進捗を管理する能力が必要です（**図３・６**）。

まず必要になるのがＡＩを使いこなす能力です。膨大な種類があるＡＩアルゴリズムのどれをどこに使えばいいのかという、「ＡＩメタ知識」（ＡＩそのものに関する知識ではなく、その使い方に関する知識）を持っていることが大きなポイントです。

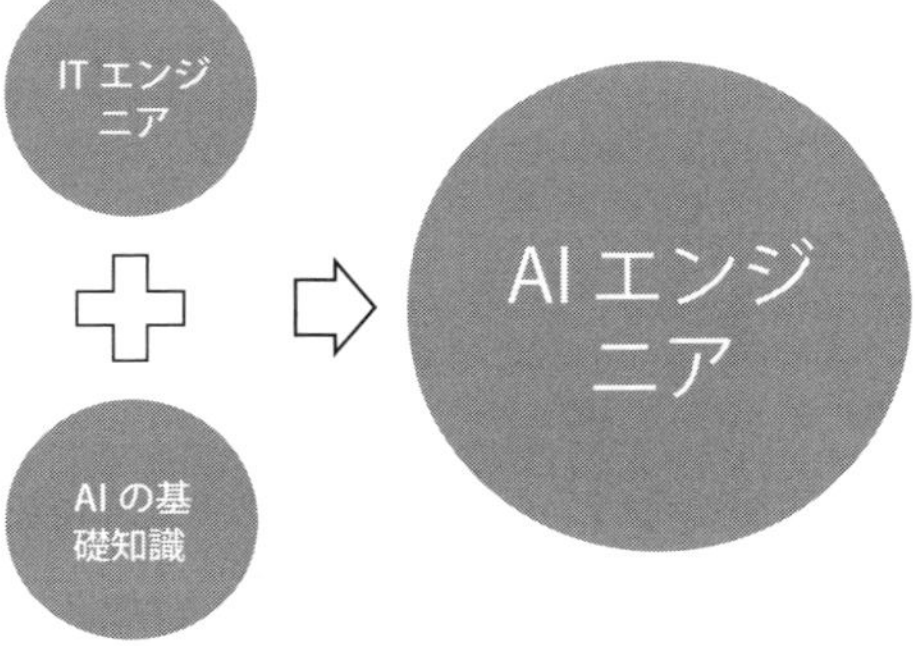

図3・6　AIエンジニアとは？

ＡＩエンジニアは、まさにＡＩ時代に必要とされるＳＥ（システムエンジニア）であり、一方でＡＩシステム開発全体のプロジェクト管理をすると言う意味で、ＳＩ（システムインテグレータ、「戦略立案・企画」「要件定義」「設計・開発」「運用・保守」をすべてやる人）なのです。

■なぜ日本のＡＩは極度の人材不足なのか？

現在、大手企業からベンチャー企業に至るまで、このＡＩエンジニア人材が強く求められています。しかし、好待遇の求人がたくさん出ているものの、なかなか良い人材が集まらず慢性的な人材不足となっています。

それもそのはず、前から生息していたＡＩエンジニアたちは、直近の一五年にわたる「ＡＩ冬の時代」を生き残れず、淘汰され絶滅してしまったからです。一度、命脈を絶たれてしまった職種の人材を、事情が変わったからといって、いきなり探し出しても見つかるわけがありません。近視眼的な経営戦略

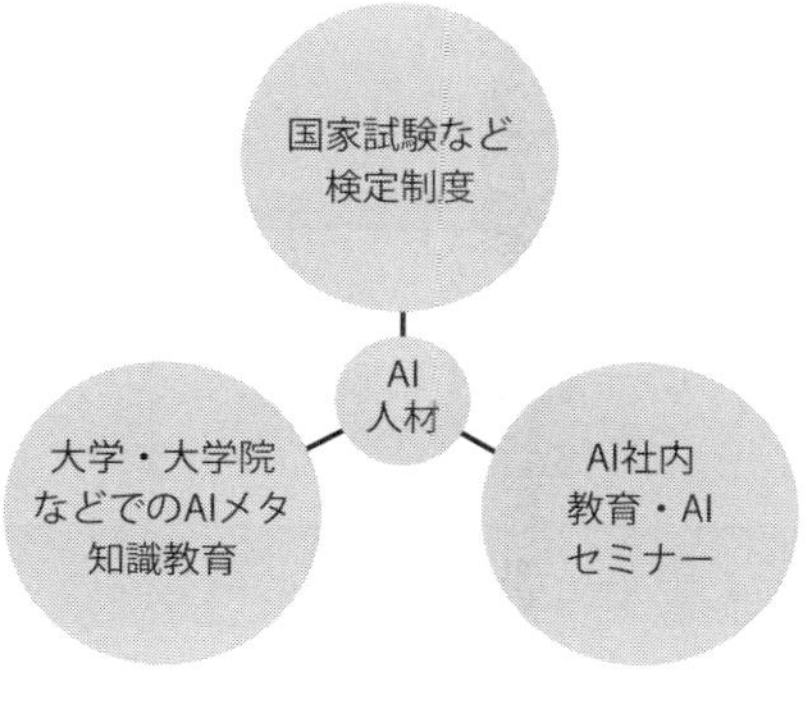

図3・7　AI人材を増やす3つの戦略

が裏目に出た結果だと言えるでしょう。

ただし、第3次ＡＩブームを経験して、大手企業のＡＩに対する考え方にも変化が現れてきているように見えます。腰を据えてＡＩ技術を育てていこうとする傾向が感じられるのです。またＡＩベンチャーやＡＩスタートアップの起業も相変わらず続いています。ＡＩの将来、あるいは日本の将来を考えるとき、こうした傾向はかなり期待してよいのではないかと考えています。

■AI人材を増やす秘策1　学校教育で知識を底上げする

では、ＡＩエンジニアを増やす秘策とは何でしょうか。**図3・7**に3つの戦略をまとめましたので、これに沿って説明していきます。

まず、国家レベルの教育政策として前述の「ＡＩメタ知識」を導入することです。

3・2節のプログラミング教育や、3・3節のリカレント教育の場でこうしたＡＩメタ知識を教える具体的な科目を組み込むことが大切です。

とはいえ、プログラミング教育の実体さえも見えていない現状では、小中高のプログラミング教育にＡＩメタ知識がカリキュラムとして組み込まれるのは非現実的です。残念ながら、若年層へのＡＩメタ知識の教育は実際にはまだまだ先のことになりそうです。

そうなると現実的なのは、大学や大学院の理工学部・大学院の情報系学科（専攻）で教えることです。幸いほとんどの情報系学科にはすでに「人工知能」の講義があるので、その講義内容としてＡＩメタ知識を組み込みます。

ちなみに最近、一部の大学でようやく人工知能（ＡＩ）を専門とする学科（専攻）が生まれ始めています。これは企業のリクルーティングの面から見ても好ましい兆候です。これまで学生をリクルーティングする際にはＡＩに関連する研究室や講座単位で探していましたが、専門学科ができたことで学科単位でのリクルーティングできるようになります。これにより、企業が獲得できるＡＩ人材は、数倍から一〇倍以上に増えるでしょう。

しかし、最大の問題は、このＡＩメタ知識が学問としてはまだ確立されていないことです。大学の学部の講義では、確立されていない学問はカリキュラムとしては組み込みにくいのが現状です。

大学院ならば、先端知識を教えるという名目で可能でしょう。そういう意味では、大学における「ＡＩメタ知識」の講義は、学部よりも大学院が適していると言えそうです。

■AI人材を増やす秘策２　技術研修やセミナーで受講者の知識を底上げする

一方、ＡＩメタ知識を教えるために即効性のある方法として、民間が主催する研修やセミナーの活用が挙げられます。

近年、ＡＩに関する技術研修・セミナーは爆発的に増えています。その中でＡＩメタ知識に関する内容を盛り込んでいく方策が考えられます。しかし、現状のＡＩ研究やセミナーは、まだまだエンジニア養成の意味合いが強く、かなり技術的かつ専門的なものが多いように感じます。「一週間であなたもＡＩエンジニア！」「実践！ディープラーニング、機械学習、データサイエンス」などの研修・セミナーです。

よって、これからは、もっとＡＩメタ知識に特化したような、研修・セミナーが増えていくべきでしょう。

■AI人材を増やす秘策３　AIメタ知識を問う検定制度の導入

先のＡＩ研修やセミナーでは、修了の証明として受講者に資格が与えられるケースが多々あります。主催者側からみると、受講者に達成感を得てもらうために何らかの資格認定があったほうが便利だからです。このような背景からも、ＡＩメタ知識に関する検定制度がＡＩ人材を増やすために必要です。

現在ＡＩに特化した資格試験として、一般社団法人　日本ディープラーニング協会が主催するジェネラリスト用ＡＩ検定であるＧ検定があります。ただし、Ｇ検定の目的は「ディープラーニングを事業に活かすための知識を有しているかを検定する」というものなので、その内容はディープラーニング中心になっているようです。したがって、これとは別にＡＩ全般にわたるメタ知識の資格制度が必要でしょう。

3・5　就活・昇進に勝つAIリテラシー

■AIの仕組みを知らなくともよいが、使い方は知っておこう

本書では、ここまでＡＩの応用に重きを置いた基礎知識を「ＡＩメタ知識」と呼んできました。これらの知識はアルゴリズムそのものを研究する研究者というよりも、ＡＩ利用を実際に行うＡＩエンジニアや、それを使う一般のエンドユーザーに必要な知識です。

ここでＡＩメタ知識の内容をまとめると、**図3・8**のようになります。

一般の方には、レベルⅠの「ＡＩリテラシー」が必要で、ＡＩエンジニアには、レベルⅠ〜Ⅲが必

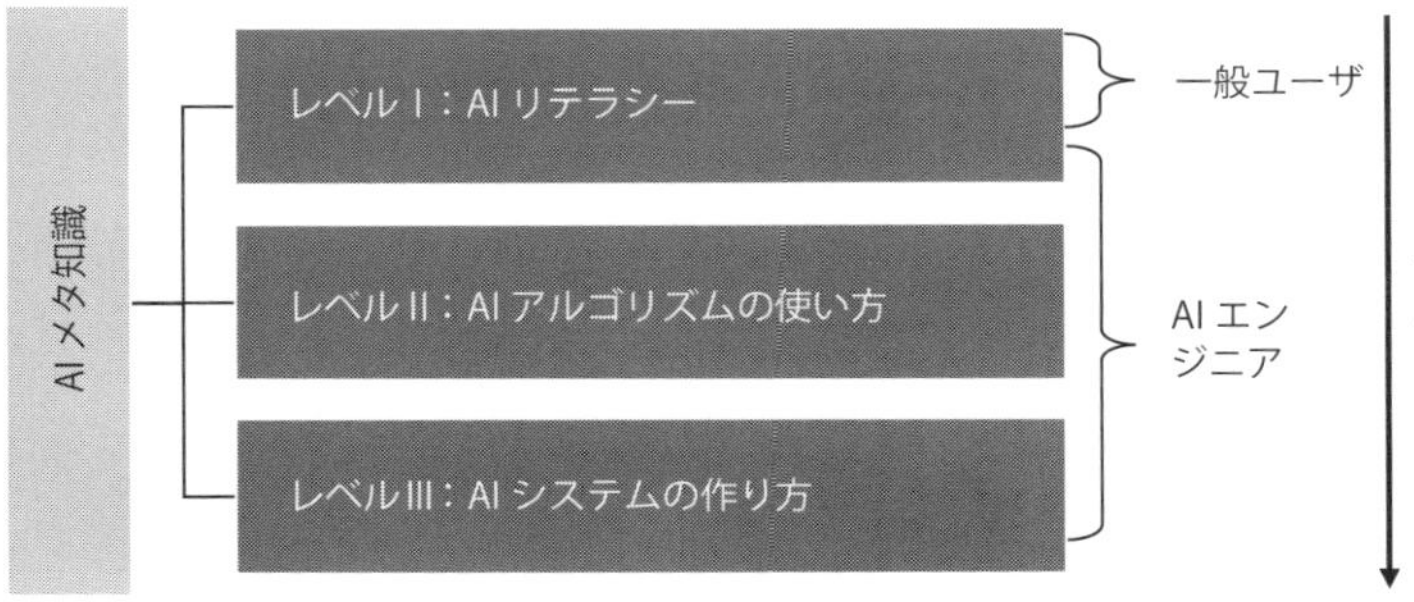

図3・8　AIメタ知識の中身

要だと考えます。

基本的に一般の方が、ＡＩの仕組みであるＡＩアルゴリズムを理解する必要はないですし、それを理解することはほぼ不可能だからです。でも、ＡＩリテラシーは、例えば、この本を読むことでも大枠は習得できます。ＡＩリテラシーの内容は、左のようになるでしょう。

- ＡＩの可能性と限界
- ＡＩの得意・不得意
- 実際のＡＩの使い方

「ＡＩリテラシー」と「ＡＩアルゴリズムの知識」の関係は、車の教習所における「運転実習」と「車の仕組みの座学」の関係に似ています。

極言すると、教習所に通う人が知りたいことは、自動車がどのようなメカニズムで動くのかという「車の仕組み」ではなく、車の運転技術、スキル、つまり「車の使い方」を習得したいはずです。これが大学の学問とは異なる実学としての自動車教習の特徴です。

現在、大学の理工学部の情報関係の学科では、そのほとんどで人工知能（ＡＩ）の講義がありま す。しかし、そこで教わるのは、ＡＩの使い方、すなわちＡＩリテラシーではなく、残念ながら「ＡＩアルゴリズム」です。これは、自動車教習所に通って、車の仕組みばっかりを教えられ、まったく車の運転実習をしてもらえないようなものです。

いくら実学は教えない大学といえども、このようにＡＩリテラシーを教えていない現状は、大学に対する社会的要請に応えていないといわざるを得ません。今後は大学でもＡＩリテラシー教育を積極的に進めるべきだと考えます。

■ＡＩ活用のイメージを早く掴んだ者が勝者になる

では、ＡＩリテラシーを持っているか否かでどのような違いが出てくるのでしょうか。

基本的なイメージはＩＴリテラシーと同様です。ＩＴリテラシーは定義自体が曖昧ですが、ここでのＩＴリテラシーとは、オフィス系ソフト（例えば、マイクロソフトのワード、エクセル、パワーポイント）と電子メールやウェブブラウザが使いこなせる技量を指します。

現在、どんな小さな事務所でも仕事にパソコンが使われているはずなので、ＩＴリテラシーを持っていない学生がいるとすれば就活で苦労するのではないかと思います。

同様に、今後はどんな小さな事務所でもパソコン上でＡＩを利用するという仕事のスタイルが当たり前になっていきます。当然ながら、ＡＩリテラシーを持っている学生の方が、持っていない学生よりも就職に有利になるはずです。

「就活に必要なＡＩリテラシー」というコンセプトは、求人・人材派遣関係の企業が喜んでビジネス化しそうなテーマですが、なぜかそうなっていないようです。

現状ではそれだけ、学生本人は言うに及ばず、企業の人たちでさえも「ＡＩと働く社会」「ＡＩを使いこなした仕事のクオリティアップ」のイメージを掴みあぐねている証拠ではないかと思います。なお、筆者自身はこれらをリアルな近未来だと感じていますが、それについては第5章でお話しします。

■ AIリテラシーは、就活・昇進で必須になる

図3・9に示すように、ＡＩリテラシーは今後、就職活動や就職後の昇進に大きく関係してきます。

まず、ＩＴ企業やメーカーの就職試験や面接では、ＡＩリテラシーが問われることは容易に予想できます。また、それ以外の分野の企業の就職試験や面接でも、ＡＩリテラシーについて質問されたり、見解を聞かれる可能性が十分に考えられます。

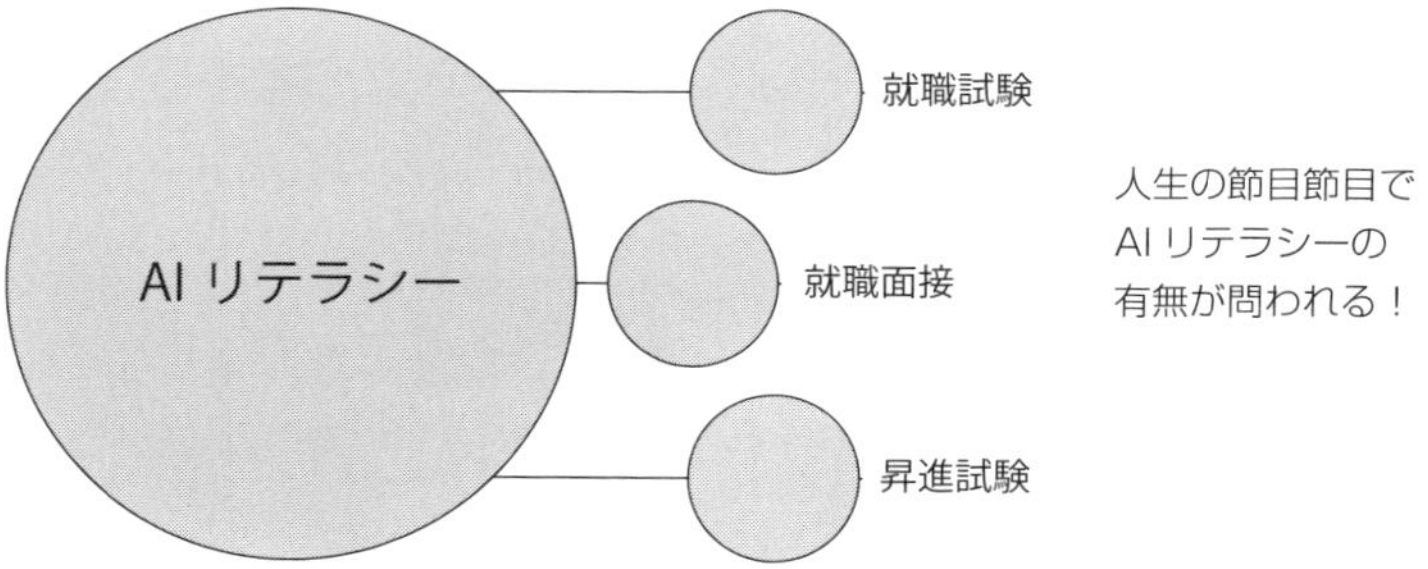

図3・9　就活に勝つ！昇進に勝つ！『AIリテラシー』

さらには、大手企業に就職後、ある年齢になると行われる昇進試験においても、ＡＩリテラシーが問われることになるでしょう。

これからは業務の最適化・効率化にＡＩの活用が不可欠になってくるため、特にマネジメントに関わる幹部や管理職に対してＡＩリテラシーの有無が厳しく問われるようになります。当然、幹部や管理職を目指す社員には、必須の知識となってくるわけです。

もちろん、私企業だけではなく官公庁や自治体に対しても、今後、業務効率を上げようという圧力が高まってきますので、公務員の就活・昇進も例外ではありません。

Column

◎はたらくおじさん「学会会長」

昔々『はたらくおじさん』というＮＨＫ教育テレビの番組がありました。毎週、様々な職業の大人が出てきて、自身の仕事を子供にやさしく説明していきます。最近だと、キッザニアなどで大人の仕事を体験できますが、それでもリアルな職場を見せてくれるテレビにはかなわないでしょう。だいたいの子供は、大人の仕事がどんなものか分かっていないので、このような番組にはとても興味津々なものです。

ここでは筆者が二〇一六年～二〇一八年の二年間、務めた学会の会長職（一般社団法人　人工知能学会）について紹介しましょう。読者の皆さんは、すでに大人の方がほとんどだと思いますが、一般の方は、学会の仕事には馴染みがないため、どんなものか興味のある方もいらっしゃるのではないかと思います。

まず、人工知能学会を運営する理事会は二〇数名の役員（理事＋監事）と事務局長で構成されています。理事会はほぼ毎月開催されていいますが、様々な議題について議論を行い、会の運営戦略を決定していきます。理事会に諮られる多くの議題は、理事の方から提案されてきます。

会長の仕事は、大局的な視点から意見を述べ、議論がまとまらないときには、総務担当理事と共に議論をまとめる方向に持っていきます。一方、決まったことを実行するのは、担当の理事が行います。学会運営が円滑に行われるかどうかは、実際には理事＋事務局の手腕によるところが大きいのです。

幸い人工知能学会は、優秀な理事、事務局に恵まれていました。特に筆者の会長任期中は、第3次AIブームのピークだったこともあり、日ごろ学会と無縁な方が学会の論文を閲覧されるケースが急増しました。その結果、問題が起こりネットで炎上するトラブルがありました。そのとき、担当の理事の方に、一方ならぬご尽力をいただきました。理事会でその担当理事を十分にサポートできなかったことを今でも反省しています。

なんだか、会長のお仕事よりも理事のお仕事の紹介になってしまいましたが、会長の主な業務は、理事会を通した学会の運営ということが分かっていただければと思います。この場を借りて、お世話になった当時の理事の皆さま、事務局の方々に心より感謝いたします。

第4章

あらゆる現場で仕事につくAI

4・1 IoT＋AI＝インダストリー4・0&精密農業

■IoTで吸い上げたビッグデータをAIで分析

AIの活用には、処理の対象となるデータが必要となります。ではそのデータはどのように準備すべきなのでしょうか。

IoT（物のインターネット：Internet of Things）では、様々な機器に取り付けられた各種のセンサから大量の検出データが集められビッグデータを形成していきます。もっとも手っ取り早いのは、これらのセンサから得られる膨大なデータを活用することです。

つまり、AIがデータを使うための技術だとすれば、IoTはそのデータを作るための技術だと言えます。したがって、お互いが補い合うことができる、とても相性の良い組み合わせです。

逆に言えば、IoTによって休みなく蓄積され続けていくビッグデータは、もはや人海戦術で処理するには大きすぎ、ここから何らかの有益な情報を得ようとするならばAIの力を借りる以外にないのです。IoTとAIが切っても切れない関係だというのはこのためです（図4・1）。

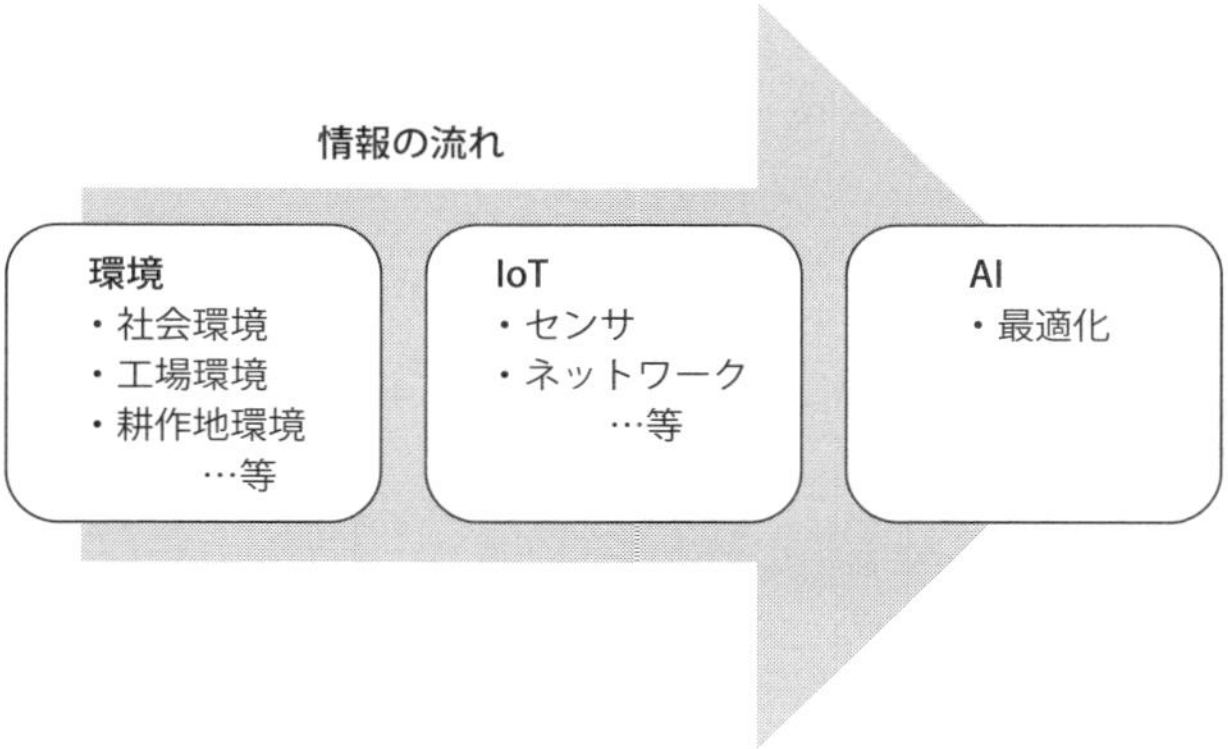

図4・1　IoTとAIは相性バツグン（ビッグデータの活用）

実際、ＩｏＴとＡＩを連携は、後述するインダストリー４・０や精密農業のコア技術となっています。

■ＡＩとＩｏＴの連携イメージ

両者の基本的な連携イメージを身のまわりの例で説明しましょう。

最近では、ビルや住宅の屋内環境や建屋全体の維持管理のためにＩｏＴシステムが組み込まれるケースが増えています。

例えば建屋の外壁の温度が年間でどう推移していくかを知りたいとした場合、外壁に温度センサを取り付け、得られた計測データ（温度）をリード線で繋いだ小型ＰＣに定期的に転送する仕組みを作ります。なお、このとき計測の頻度は、小型ＰＣ上でプログラミングして設定します。

次に、小型ＰＣをインターネットに繋ぎデータをサーバに転送したのちにＡＩによる各種の分析を実施します。サーバとは、様々なデータを集めて分析・処理できる高性能なＰＣです。

サーバは、他のＰＣやスマートフォン等からも接続できるようにしておきます。こうすることでそれぞれの端末から、（サーバ上の）ＡＩが分析・処理した後のデータを確認することが可能になります。もちろん、逐次蓄積されていくデータを監視して、外壁温度がある値を超えるとメールで通知したり、定期的（例えば3分毎）に温度をツイートしたりといったことも簡単にできます。

ちなみに、センサとつながる小型ＰＣとしては、Raspberry Pi（ラズベリーパイ、ラズパイ）やArduino（アルデュイーノ）などが人気です。これらは、わずか数千円で入手可能な手の平に収まるサイズのＰＣです。

■インダストリー４・０とは、製造業のＡＩ化をいう

では、こうしたＩｏＴとＡＩの融合は、社会や産業にどのように影響するのでしょうか。代表的な産業として製造業と農業で見てみましょう。

インダストリー４・０は、ドイツが国家をあげて取り組んでいる、製造業改革のプロジェクトです。我が国でも日本版のインダストリー４・０であるコネクテッドインダストリー（Connected Industries）が経産省によって提唱されています。

インダストリー４・０とは、端的に言えば「ＩＴ技術を使って、製造業をフルに自動化、最適化することと」です。「そんなのとっくにやってるよ」と思われるも知れません。しかし、インダストリー４・０が目指しているのは、工場内の製造プロセスのほとんどを自動化し（例えば生産機械の故障予測や、それに基づくパーツの調達まで）、工場の能力の最大化を図ると同時に、様々な規模の生産にフレキシブルに対応することです。

製造プロセスを極限にまで効率化できれば、これまでは採算がとれなかった変種・変量生産に対応できるなど製造と販売のあり方も変わってきます。

これら工場の自動化、最適化の成否はＡＩがカギを握っています。言い換えると、インダストリー４・０とは「製造業自体をＡＩ化する」プロジェクトであり、その前提となっているのがＩｏＴと言っても過言ではないでしょう。

ただし、インダストリー４・０で最適化されるのは、工場だけに止まらず、例えば一つの港湾全体が積み荷の管理で無駄をなくして最適化するような規模も含まれます。この規模になると、法律の整備や規制の撤廃など国家や自治体からのサポートが必要となります。したがって、ＩｏＴやＡＩといった技術面だけでなく、これを受け入れる社会のあり方の変革も不可欠になってきます。

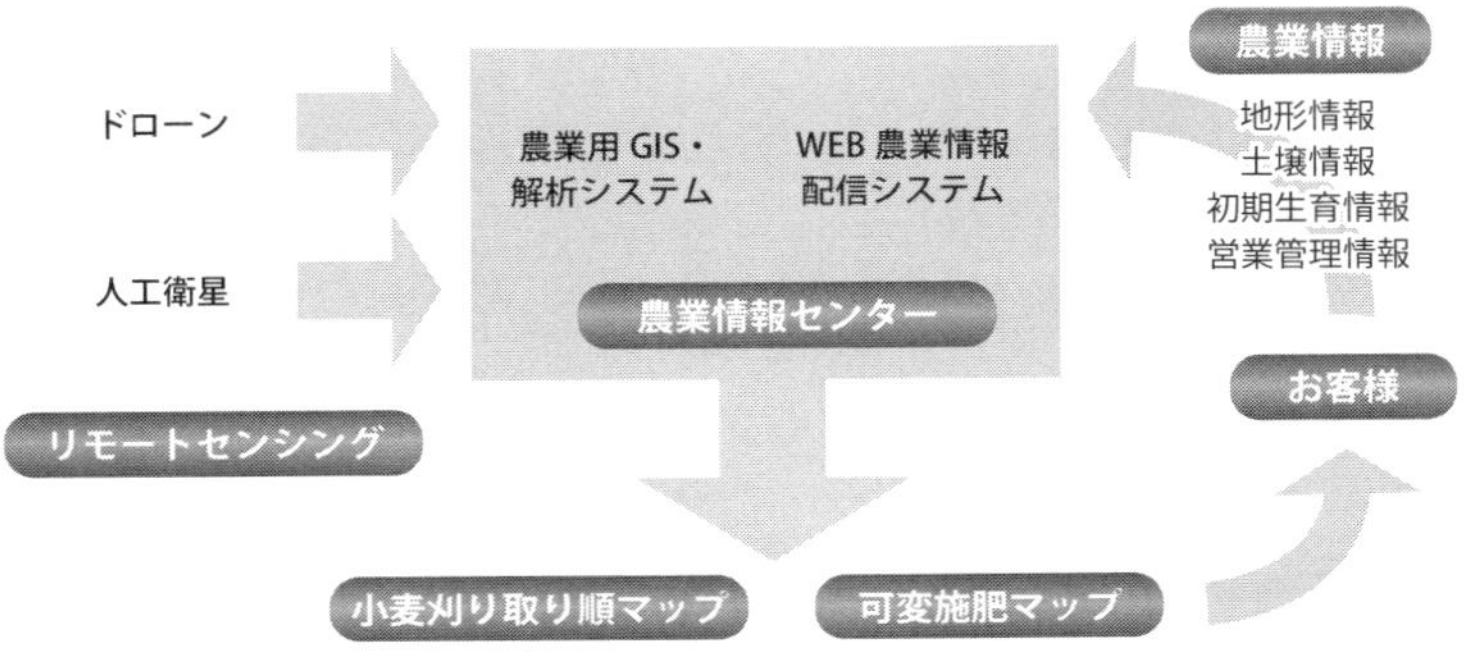

図4・2　精密農業

■ＡＩ化で農業収穫量を最大化する

一方、農業ではＡＩがどのように活かされていくのでしょうか。農業のなかでも、精密農業にその一つのモデルを見て取ることができます。

普通、農業では耕作地の特性や天候など様々な要因から、田畑によって収穫量がばらつきます。したがって、このばらつきをできるだけ抑えて、安定して高い収穫量を得ることが農業経営の最大の課題となっています。

精密農業では、対象となる水田や畑に関する様々なデータ（土の温度、気温、湿度、窒素・リン濃度など）から、ＡＩを活用して最適な水の量、または農薬散布の際の場所・量・時期を割り出して管理します（**図４・２**）。

完全に屋内で水耕栽培（土ではなく養液のみでする栽培）を行う「植物工場」とは異なり、屋外の土壌での栽培を管理するのが特徴です。

■何がAI化のネックとなっているか

これまで精密農業の実現にあたってネックとなってきたのは、多種多様なデータをそれぞれどのように計測するかという問題です。

近年、ドローンを使った計測技術が発達したことにより、実際に人間が現地で計測しなくても、田畑の上を飛ぶドローンに取り付けた各種センサから、リモートセンシングによって計測できるようになりました。もちろんデータによっては、田畑にセンサを直接設置して計測する必要があるので、そこはデータの内容こそ異なるものの、前述の製造業のＩｏＴ技術と何ら変わりありません。

それぞれの方法で継続的に計測され、サーバに集まってくる多種多様なデータは、まさにビッグデータと呼ぶにふさわしい膨大な情報となります。そして、これを処理するのはもはやＡＩでしかあり得ないのです。データをもとにＡＩが最適な肥料や農薬の散布量とタイミングを決定します。さらにそれを元に、再びドローンを使って、自動で肥料・農薬の散布をするといったシステムも考えられるでしょう。

精密農業の実用化で先行している欧米に較べると、我が国では、農家一戸当たりの農地面積が二〇分の一～一〇〇分の一と、極端に小さいのが特徴です。

したがって、農家一戸単位では精密農業導入の損益分岐点が上昇し、導入コストがネックになってしまいます。技術的な課題に加えて、この規模的な課題の解決が精密農業普及に必須となっています。これは製造業におけるインダストリー4・0（コネクテッドインダストリー）、特に中小製造業の取り組みでも同様に課題となっています。

例えば、中小企業のＡＩ・ＩｏＴ導入に対する、国や自治体からの補助金制度の充実や地元の金融機関からの積極的な融資など様々なサポートが必要となってきます。

4・2　AIは自動運転よりもMaaSとの相性が良い

■自動運転は、AIがもっとも不得意な分野だ

近年、国内の自動車需要は緩やかに減少の一途を辿っています。

実際、筆者が学生と会話をしていても最近は車の話題はほとんど出てきません。筆者の学生の頃（三〇年ぐらい前）と比べると様変わりです。

公共交通機関が乏しく、生活の足として車が必要な地域では、これからもマイカー需要は確実ですが、都市部の多くは維持費も高くコストパフォーマンスが悪いという印象があります。すでに機能面

では、カーシェアリングでカバーできているため、マイカーを持たないというライフスタイルには、今後拍車が掛かると思われます。

自動運転が注目されている背景には、ユーザにとって製品としての車それ自体が目的ではなくなったことを意味しています。つまり、「fun to drive（運転する喜び）」よりも、移動手段（機能）として割り切るというユーザの価値感の変化があります。

現在、自動運転は、オートモーティブ（自動車に関連する諸々のこと）の中心的な開発テーマとして自動車メーカー各社で取り組まれています。そして、その中核にＡＩがあるとされています。進歩したＡＩによって、完全自動運転ですらあたかも完成間近のような印象を持たれている方も多いと思います。

しかし、筆者は世間のこのような見方とは違う見方をしています。本書の冒頭で紹介したように屋外環境はＡＩの不得意分野なので、レベル５の完全自動運転の開発はそろそろ行き詰まりを見せるでしょう。そして、レベル３の人間とＡＩが協調する半自動運転の開発にフォーカスが移り、昨今の自動運転ブームともいえる状況も沈静化するのではないかと予想しています。これは、ＡＩ研究における、「強いＡＩ」から「弱いＡＩ」へのシフトに似ています。

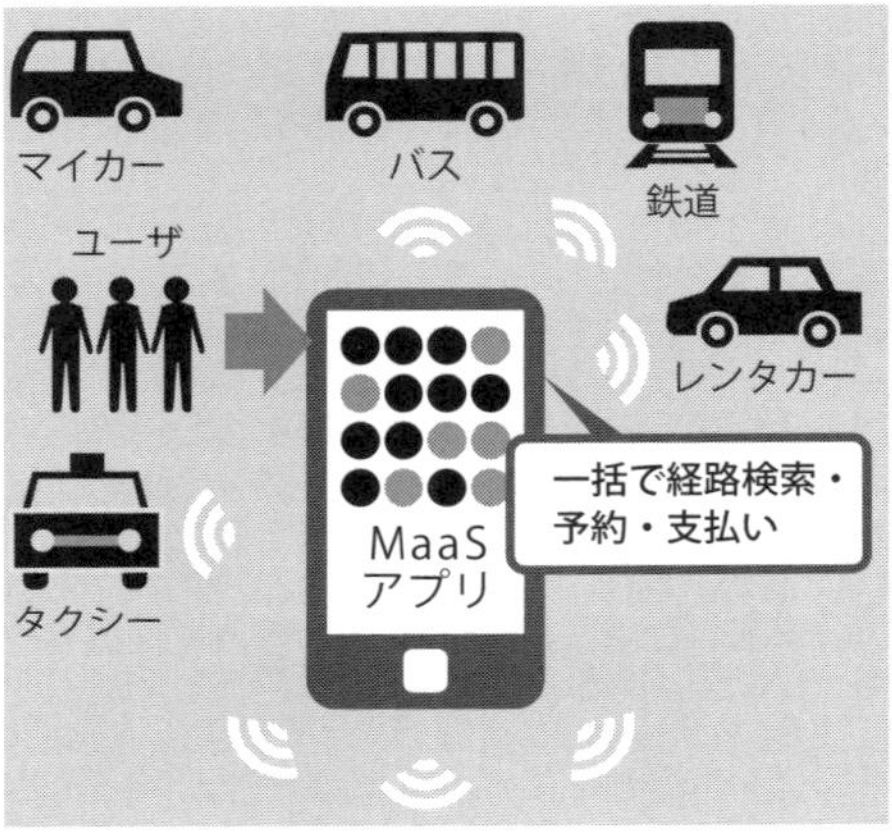

図4・3　MaaS のコンセプト

■オートモーティブAIの本命は自動運転ではなく、MaaS（マース）

一方、自動運転よりもはるかにAIに親和性があるのがMaaS（マース）です。

次世代のオートモーティブを考えるうえでも、AI導入の観点からみても、こちらの方がより現実的で生産的な方向だと思います。

MaaS（Mobility as a Service：マース）とは、フィンランドで生まれた移動サービスのコンセプトです。大まかな定義は「ICTを活用して、マイカーから公共交通までのすべての交通手段を統合した移動手段をシームレスにつなぐ移動サービス」となります。

「これまでバラバラに予約していた飛行機、電車，タクシー、ライドシェアなどを一括予約して、決算できるスマートフォンアプリ」（図4・3）

これが、これまでＭａａＳを説明する際に、具体例としてよく引き合いに出されてきたビジネスモデルです。しかし、筆者は、この例はあまりにＭａａＳの可能性を矮小化したものだと考えています。

ＭａａＳは、技術としてもサービスとしても、もっと大きな可能性があるはずです。それは、世界屈指の日本の自動車メーカーが、「自動車のメーカーからＭａａＳ企業への変身」という主旨であるパラダイムシフトを宣言したことからも明らかです。

そしてＭａａＳの価値や可能性を広げるキーとなるのがＡＩによる「知能化」なのです。

■AIによる知能化がMaaSの付加価値を上げる

ＭａａＳの真の姿を考えるうえで「コネクティッドカー」というコンセプトがヒントになります。コネクティッドカーとは、インターネットへの常時接続機能を持った自動車のことです。

すぐに気づかれると思いますが、ＭａａＳにおける自動車も、常にインターネット経由でサーバと通信をする必要があります。つまり、すべての自動車はコネクティッドカーでなければなりません。そのためコネクティッドカーは、ＭａａＳのインフラとして必須です。

インターネットに繋がっているという前提の元にＡＩを導入することで、ＭａａＳに様々な新しい機能が実現されます。各機能について具体的に実装されるサービスを次に示します。いずれも、大量生産品の固定したサービスではなく、知能化をテコにユーザ個人の嗜好や状況にカスタマイズしていくという方向性が見て取れます。

- **自動車や移動行動そのものをパーソナライズする**：よくある「料金」「時間」の把握といった基準意外にも、「振動や座り心地などの（特に子供の）快適性」「人間のエネルギー消費量や疲労度」「定時に到着する確率」「CO2排出量」「各種カードのポイント数」「車窓からの景観」など、ユーザ個人で微妙に違う車や移動に関するニーズをAIが学習して、MaaSを個々のユーザに合わせてカスタマイズ、つまりパーソナライズします。
- **専属AI秘書が移動を手配**：MaaSにAIを導入することで、スケジュール帳の入力をAIがモニターして、「日刊工業新聞社で10月11日13：30から会議」という移動が必要な予定が入ったら、自動的にその移動手段と必要な決済をする機能が実現されます。技術的には、簡単なのですぐにできるでしょう。
- **交通機関のトラブルに対応**：現実的には、電車や飛行機の遅延や運休などによって、最適ルートどおりに移動できない場合がよくあります。MaaSは、非常に複雑なルート検索を行うので、そのようなとき迅速に対応できません。そこで、AIで培われてきた、高速な再プランニングの技術が威力を発揮するでしょう。
- **移動を超えた生活との連結**：単なる移動ルート調査を超えて、移動先での宿泊ホテル、レストラン、観光施設を含んだ総合的旅行・出張プランのプランニングをＡＩが行います。当然，プランに含まれるホテル、レストラン、観光施設などの予約、決済もＡＩが自動的に行います。

これらのサービスは、ＡＩによる知能化で期待できる効果の一端に過ぎません。実際にはここから派生するサービス、あるいはさらに思いも寄らないようなサービスが生まれてくるのは必至です。自動車メーカーのパラダイムシフトは、単に「車を作る企業」から、作った車を利用して、ユーザのライフスタイルや行動パターンを大きく変える「サービス企業」へと生まれ変わることを意味しています。つまり、自社の変革と同時に社会変革を目指すことを示したと言えます。

あえてモノとしての車にこだわらず、その先にあるＭａＳ社会での重要な基盤技術に食い込んで勝負することを宣言したことに非常に重要な意味があると言えます。

４・３　ＲＰＡにＡＩを組み込むとどうなるか

■デスクワークを丸々ソフトウェアで自動化する

ＲＰＡ（Robotic Process Automation：ロボティックプロセスオートメーション）という言葉を最

近、様々なメディアで見かけます。
ＲＰＡとは、端的に言えば「ホワイトカラーのデスクワークをロボット化（自動化）すること」です。生産現場等で使用する産業用ロボットがハードウェアなのに対して、デスクワークのロボット化は、ソフトウェアによって行われます。

例えば、「メールソフトを開いて、ある業者から未読のメールの題目をコピーして、別途作成したエクセルシートの特定のセルにペーストする」といった、人間がマウスやキーボードを使って行う一連の操作を自動的に実行してくれるのがＲＰＡです。要は、エクセルなどのマクロ機能の考え方を拡張して、エクセルという特定のソフトを超えて、複数のソフトを横断する一連の作業を自動化するのです。

デスクトップ上で行うマウス操作であれば、多くのことを自動で実行できます。

実際、市販のＲＰＡソフトのなかには、機能の一部をエクセルやアクセスで使うＶＢＡ（Visual Basic for Applications）と呼ばれるプログラミング言語を使って書くことができるソフトもあります。ＲＰＡには、そのようなプログラミングを容易にする様々な仕組みが組み込まれているのです。

ＲＰＡをきちんと理解して使いこなすには、一定のＩＴリテラシーと最小限のプログラミング知識が必須となります。以下では、ＲＰＡの活用のイメージを掴んでいただくために、その基本中の基本を紹介します。

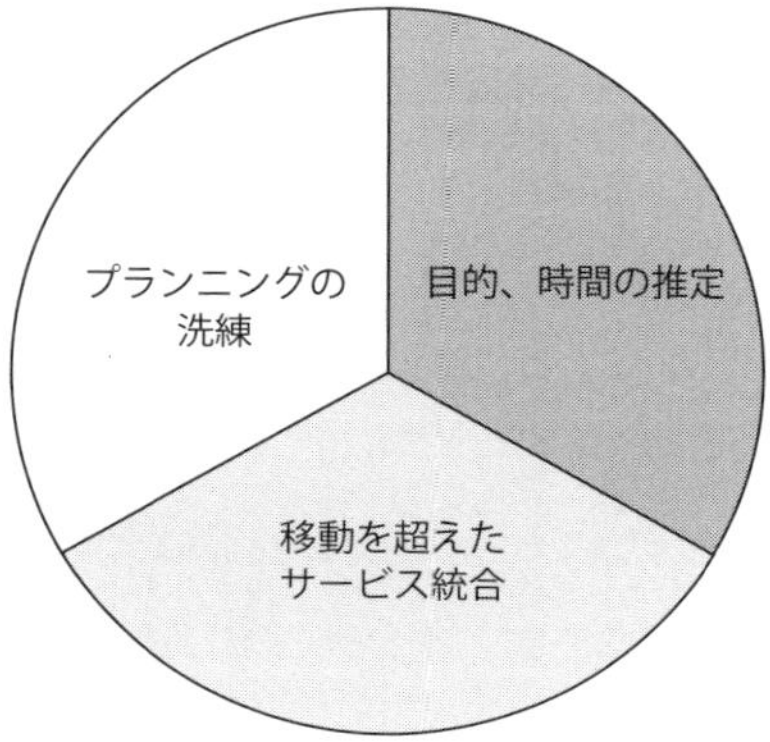

図4・4　AIによるMaaSの知能化

■作業を記録してそのまま使うか、プログラムに起こして汎用化するか

ＲＰＡは、次の二つの方法によって作られます。

(a)　**人間の操作を丸暗記**：実際に人間が一連の操作を行って、それをＲＰＡが丸暗記して、そのまま再現する方式です（**図４・４**）。これはＡＩの分野では、模倣学習と呼ばれている方法です。基本的にプログラミングの知識は必要ありません。

(b)　**人間が直接プログラミング**：人間がＰＲＡに実行してほしい一連の操作を直接プログラミングする方式です。３・２節で説明したビジュアルプログラミングが使われる場合が多くあります。また、既存のプログラミング言語と連携されることもできます。当然ながらプログラミングの知識が必要になります。

また、この2つの方法(a)(b)の使い分け方、ＲＰＡをサーバで稼働させるのか、手元のクライアントＰＣで稼働させるのかという方式の違いに様々なバリエーションがあり、それぞれの目的や運用条件の違いによって選択する必要があります。

現状では、高機能なＲＰＡは有料ソフトがほとんどですが、機能は限定されるものの無料のＲＰＡソフトも公開されています。まずは無料のＲＰＡソフトを使ってみて費用対効果を検討してから、有料ソフトに移行するというのが妥当な戦略でしょう。

いずれの方式、いずれの機能・価格帯のソフトを選ぶにせよ、ＲＰＡの導入が上手くいくかどうかは、次のようなプロセスをきっちり行うか否かにかかっています。

なお、このプロセスは、ＡＩ導入のプロセスとよく似ています。

(1)　ＲＰＡで記述できる作業レベル（自動化のレベル）を理解する。

(2)　ＲＰＡで自動化したい実作業を切り取り、その作業の手順を明確に記述する。

(3)　記述された作業がＲＰＡで可能な作業レベルに完全に含まれているかを注意深く判定する。ＰＲＡ導入の妥当性をきちんと確認しておく。

(4)　費用対効果を検討し、実際の導入を決定する。

■ＲＰＡが自ら最適な手順を編み出し実行してくれる

ＲＰＡにＡＩを取り入れるコンセプトは以前からありました。しかし、これまで誰も言っていない、しかしもっとも注目すべきＡＩ技術が「ＡＩプランニング」です。この技術をＲＰＡに応用する際に、必要な要素は次の三つのみです。

- **初期状態**：現在のＰＣデスクトップの状態を記述したもの。
- **目標状態**：最終的な目標の状態を記述したもの。
- **オペレータ**：あらかじめオフィスソフトの基本作業を条件と結果からなるルールとして記述したもの。

ＡＩプランニングを使うことで、スタート（初期状態）からゴール（目標状態）に至る手順であるプランを自動生成させることが可能です。

例えば、ＲＰＡにＡＩプランニングエンジンを組み込んだとします。すると、最初に必要な「オペレータ」を書いておけば、後は「初期状態」と「目標状態」をＲＰＡに入力するだけで、必要な操作の系列であるプランを自動生成してくれます。

従来のＲＰＡのように、ユーザが作業を実際に実行して見せる必要もなく、またユーザが作業を逐

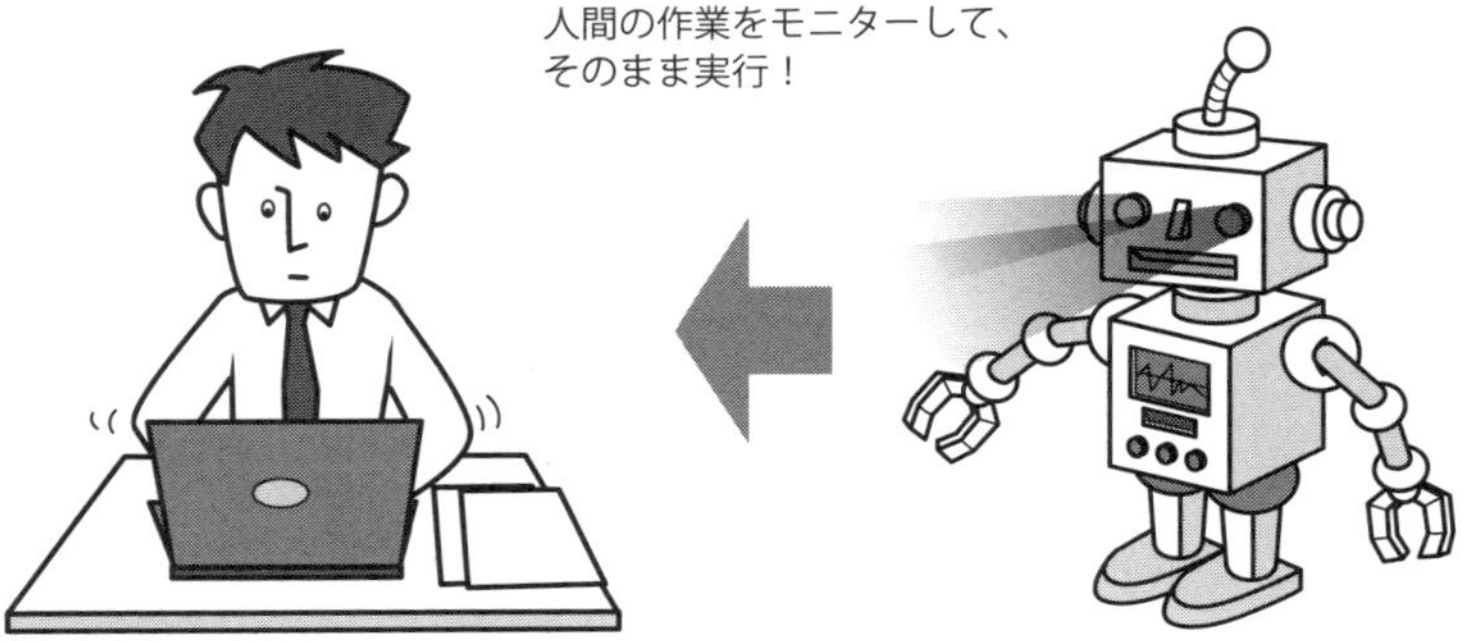

図4・5　一部のRPAは人の真似をする

一プログラミングする必要もないのです（**図4・5**）。

さらにメールソフトやオフィスソフトを使った一連の作業に必要となる複数のオペレータの集合は、どのソフトを使うかによらず共通しているので使い回しが可能です。このオペレータ集合をRPAベンダー企業が提供すれば、ユーザはオペレータを用意する必要すらなくなります。

このAIプランニングは、RPAへのAI導入の一例に過ぎません。AIとRPAは相性が良いので、RPAの普及は、AI導入の新たな市場を開拓することが期待できます。

そうなったときこそ、本当の意味でRPAによってホワイトカラーは退屈なルーティンワークから解放されるのです。

４・４　自分の仕事は、自分でAI化しよう

■AIを導入しても仕事量は減らない!?

前述したように、一人の人間の仕事の「すべて」がＡＩに置き換わることはありませんが、「一部」のタスクはＡＩによって代替されます（２・１節）。

読者の皆さんの仕事のどの部分がＡＩで代替されるかは、職種によって違うので、ＡＩの得意・不得意を考慮しながら自身の仕事のタスクを検証していただくしかありません。

重要なのは、「今、自分がしている仕事の一部をＡＩで代替できるかも知れない」という意識を持つことです。ここでいう自分の仕事とは、いわゆる職業のみならず、主婦業や学業をも含めた広い範囲を指しています。

当然のことながら、自身の仕事の一部のタスクをＡＩがやってくれるのであれば、これまでそれらのタスクに割いていた時間を別のタスクに割り当てることができるようになります。どんな人でも「やりたいこと」「やるべきこと」は探せばいくらでもあるはずなので、タスクはいくらでも湧いてきます。したがって、ＡＩを導入したからと言って、労働時間を短くして、早く退社するというように

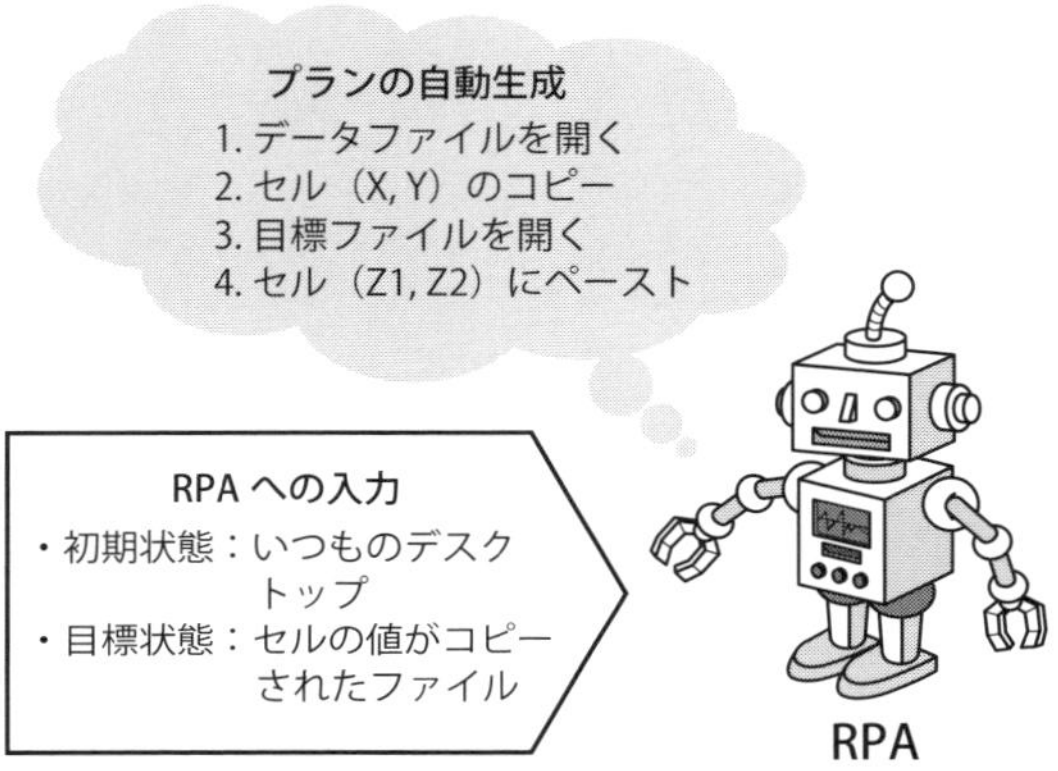

図4・6　AIプランニングでPRAプランを自動生成

はならないと思います。

つまり、ＡＩを使った仕事の最適化とは、**図4・6**に示すように、自分の仕事から「代替可能なタスク」を削ってＡＩに任せ、代わりに別のタスクを入れ替えていくことになります。この別のタスクとは、当然ながらＡＩに「代替不可能なタスク」です。

■ＡＩ導入の目的は仕事の効率化ではなく、クオリティアップ

ＡＩによって、仕事の量や時間が最適化されるのではなく、代替不可能なタスクが仕事に占める割合が増えていくことで、仕事全体のクオリティが最適化されるのです。言い換えると、仕事が効率化されるのではなく、仕事の質が向上するのです。

本書では、ＡＩ導入による仕事の「効率化」とは言わずに、「クオリティアップ」と言っているのは、このためで

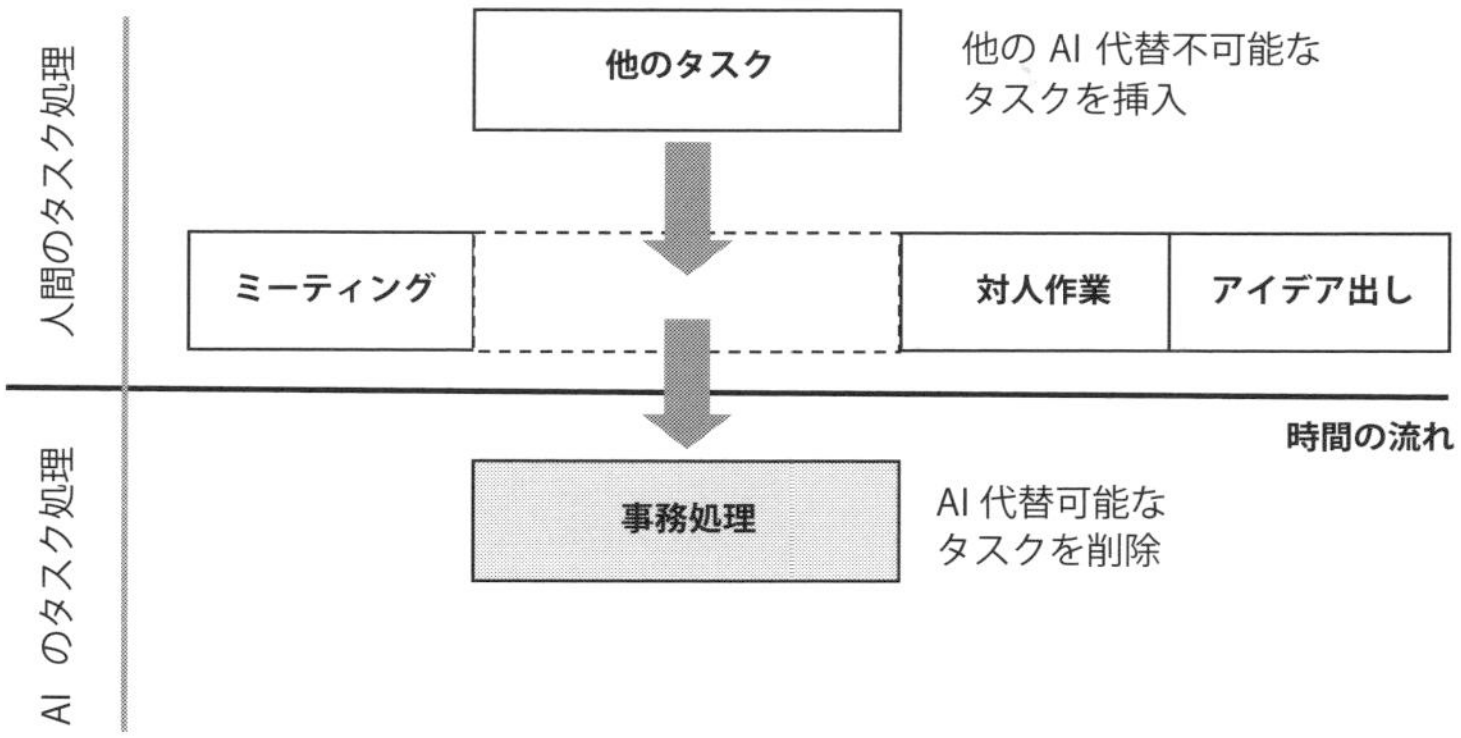

図4・7　AI代替タスクを他のタスクと入れ替える

す。

また、**図４・７**からも分かるように、ＡＩによって、一人の仕事量は変わらないか、少なくとも激減はしないため人員削減のための導入は考えにくいことになります。

したがって著者は、いわゆる働き方改革の目的を「長時間労働の是正＝残業を減らす」とするならば、ＡＩがそれに資することはないと考えています。

ただし、ＡＩが代替するタスクは、ある意味「本来、人間がやらなくてもよい」タスクであり、ＡＩに代替されずに残ったタスクは「本来、人間がやるべき」タスクだと言えるでしょう。つまり、ＡＩを導入することによって、自動化できない付加価値の高いタスクとは何かが自分自身にとって明らかになるわけです。

自分の仕事の一部をＡＩに代替してもらうという労働形態を、これまで私たちは経験していません。そういう意味では、私たちはこれまでになかった新しい世界に直面していると言えます。

この状況を前向きに捉え、仕事全体のクオリティアップに繋げることができるかどうかは、ＡＩの技術的な問題ではなく、これからの私たちの意思にかかっているのです。

■ＡＩ導入で予想される新たな仕事

ＡＩによる個人の仕事の最適化（＝クオリティアップ）とは別に、企業や役所など組織の業務改革にもＡＩが取り入れられてきます。

その結果、ほとんどのタスクがＡＩ代替可能であるような業務については、担当部署そのものが組織再編の対象となるでしょう。経営判断によっては、業務が他部署に移管され、当該の部や課自体がなくなってしまう可能性もあります。

しかしその一方で、ＡＩ導入によって、次のような新たに増えるタスクもあります。

- **ＡＩを導入するタスク**：まず、ＡＩ導入を誰かがやらないと始まりません。また、継続的に導入を検討する必要もあります。
- **導入されたＡＩをメインテナンスするタスク**：導入されたＡＩは、きめ細かくメインテナンスをする必要があります。これは、相当の仕事量になる新しいタスクです。
- **ＡＩリテラシーを教育するタスク**：ＡＩ導入とＡＩメインテナンスのためには、ＡＩリテラシーが必要です。それを研修で教育するタスクが発生します。

これまでなかったタスクが新設されるということは、新たなビジネスチャンスが生まれるということです。ＡＩベンチャーやスタートアップ企業といった形態以外にも様々な職業が生まれる可能性が高いと思われます。

4・5　AIでブロックチェーンの巨大データベースを活用する

■仮想通貨を可能ならしめたブロックチェーン

著名な経済学者である岩井克人氏によると、ビットコインなどいわゆる仮想通貨は、昨今のレートの乱高下を受けて通貨として機能する可能性は非常に低くなり、単なる投機商品として見られるようになったそうです。

しかし、仮想通貨を支える基盤技術であるブロックチェーンは、ＡＩ導入の観点からするととても魅力的なものです。

そもそもブロックチェーンとは、世界中のすべての仮想通貨のやり取りを、世界中に分散したデータベースに記録して公開するという目的で生まれた技術です。この技術によって、やり取りがガラス張りとなり、帳簿の改ざんや不正な取引が困難になるとされています。例えば、同じ仮想通貨を二回以上の支払いに使う「二重支払い」という不正で考えてみましょう。

普通の紙幣や硬貨では、一度支払った貨幣は手元に残りません。つまり、その貨幣をもう一度支払いに使うことは物理的にできません。しかし、仮想通貨は、単なる電子データなので、帳簿を改ざんして一度使ったという記録を削除してしまえば二重払いが可能になってしまいます。

ブロックチェーンでは、取引帳簿全体が世界中で分散管理されているため、それを改ざんするには世界中の帳簿サーバに侵入して、それらを一斉に書き換えなければなりません。これは現実的には不可能です。

■マイニングで改ざんを防ぐ

ブロックチェーンを使った仮想通貨の仕組みをもう少し詳しく見ていきましょう。

ブロックとは、「取引情報」「前のブロックの取引情報（ハッシュ値）」「ナンス値」から構成され、これを鎖（チェーン）のように繋いで全体を帳簿としています（図4・8）。なおハッシュ値とは暗号化されていることを示しています。

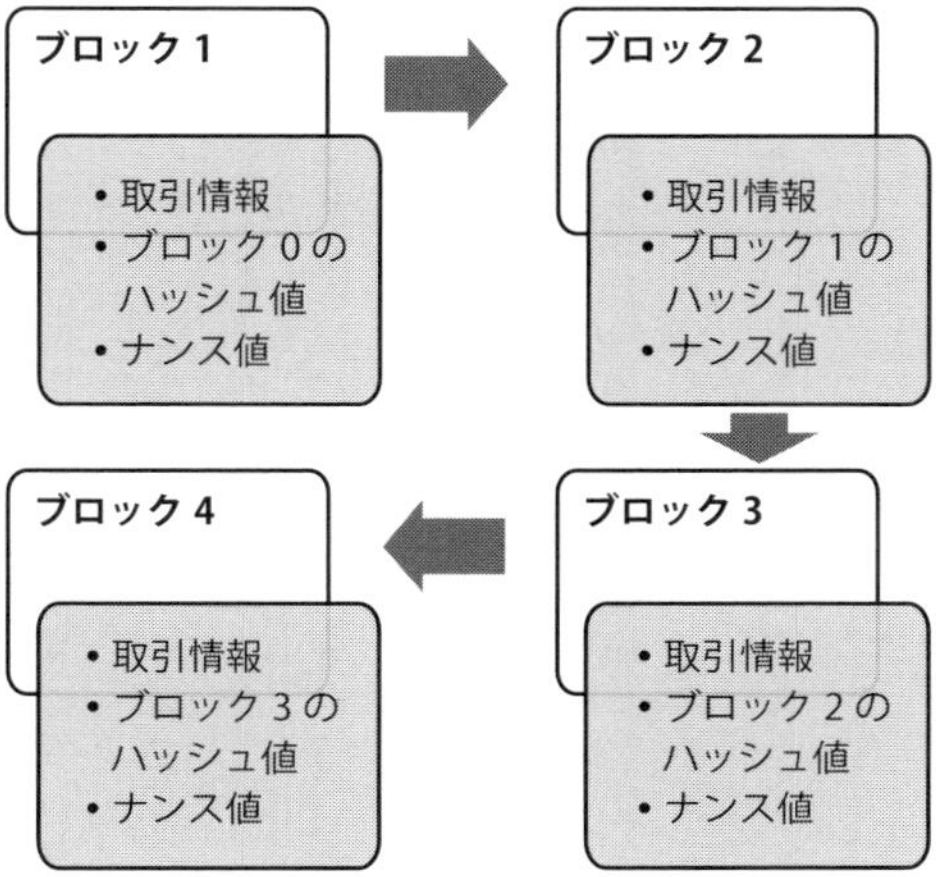

図4・8　ブロックチェーンのイメージ

ここで重要なのがナンス値です。新しい取引情報を帳簿に加えるためには、ナンス値を計算する必要があります。これは取引情報と、前のブロックのハッシュ値をもとに膨大な計算によって求まる値です。

ナンス値は、ネットワーク上の皆で競って計算します。これが、よく中国の発電所の近くに大量のＰＣを並べて行われていた「マイニング」という作業です。マイニングによってブロックを繋げていくことで、第三者の通貨の取引を成立させます。

このとき、最初にナンス値を見つけた人だけが次のブロックを作ることができ、一定の報酬を仮想通貨で得ることができます。

見方を変えると、ブロックチェーンを改ざんするためには、悪意ある一人のユーザが不正なブロックチェーンを自力で延々と伸ばしていく必要があります。しかし、それにはものすごい計算機パワーが必要となるため、現実的は無理なことなのです。

■ブロックチェーンが作る巨大データベースをAIで活用する

さて、大規模な分散帳簿データベースを生成するブロックチェーンは、ビッグデータを生み出す一つのマシンと捉えることができます。

得られた膨大なデータはAIで処理する以外にはありません。つまり、本章冒頭で触れたIoTと同様、AIとブロックチェーンの相性は抜群です。以下に、今後の考えられるAIとブロックチェーンの融合で実現するいくつかのサービスを挙げてみます。

- **AIによる不正取引、マネーロンダリングの検出**：AIにより、ブロックチェーンのデータから、犯罪と結びつく可能性のある様々なパターンの取引を検出できます。
- **AIによるブロックチェーンの安全な処理**：暗号化データを解読せずに暗号化されたまま処理できるセキュアAIで処理全体がセキュアにできます。
- **AIの意思決定プロセスの記録**：ブロックチェーンでAIの意思決定の履歴を記録することで、AIの管理を行います。AIがAIを管理するといったこともできるようになるかもしれません。

■ブロックチェーンのビジネス応用

ブロックチェーンは、現在もっぱらビットコインなど仮想通貨の基盤技術として使われています。しかし、今後はそれ以外の様々な分野への応用が期待できます。例えば、「医療データ・診断カルテの記録と共有」「食品流通の追跡」「選挙システム」「土地管理」など、いずれもセキュアであることが求められる分野での活用です。

ただし、ブロックチェーンは、あくまでも「データベース」に過ぎないので、それを利用するＡＩのような存在がビジネス応用のカギとなります。これからのブロックチェーンを利用したＡＩサービスがたくさん現れることが期待されます。

Column

◎ヒューマノイドロボットの使い道

ヒューマノイドロボットという言葉があります。鉄腕アトムや鉄人28号のように四肢を持つ人型のロボットです。

世界初の2足歩行を実現したホンダのASIMO（アシモ）の例を見てもわかるように、日本はヒューマノイドロボットの研究開発では世界に一歩先んじています。

しかし一方でヒューマノイドロボットは、実用的な使い道がはっきりしていないという指摘があります。

自動車工場など生産現場で使用する産業用ロボットであれば、何もヒューマノイドである必要はありません。例えば、部材同士のスポット溶接に使うようなアーム型ロボットなど、目的の作業に特化したボディ・機構を採用したほうが効率が良いのです。

そもそも現在使われているロボットは、そのほとんどが一つの決まった仕事をするために作られています。なので、その仕事の動きに適した構造を持つことが一番作業効率も良く、また設計・製造コストも低く抑えることができます。

例えば、現在一般家庭にも広く普及している「お掃除ロボット」は、円盤形か四角い形をしています。掃除ロボットに要求される主たる機能は「掃除をする」ことなので四肢がある必要はなく、円盤や四角といった単純な形状が最も掃除効率が良く、コストも安いことになります。

一方、ヒューマノイドロボットの普及を目指す研究者たちの論拠になっているのは、人間とロボットが協調作業をする場合には、人型のほうがお互い作業もやりやすく、またロボットとの協調作業に対する人間側の心理的負担も少ないという考え方です。

特にオフィス環境や居住空間などの屋内環境のように、人間が作業しやすいように設計された環境で活動するロボットは，ヒューマノイドロボットが適していると言われます。

いずれにせよ、しっかりした研究成果に裏付けられたエビデンスが必要になるのだと思います。

日本人の私たちが、ロボットと聞いてすぐに思い浮かべるのは、ヒューマノイドロボットです。ヒューマノイドロボットが主役のアニメに憧れて、ロボットの道に進んだ研究者やエンジニアも数多くいます。

しかし、実際のロボット研究・開発の世界では、実はヒューマノイドロボットは肩身が狭い状況だということは、意外で興味深い事実だと思います。

第5章

AIと生きる未来シナリオ

AI同僚やAI部下が当たり前の職場になる

■近未来のありふれた日常

『朝、疲れた体を引きずって、いつもの時間に出勤すると、PCモニターの中で、AI秘書のレイチェルがちょっと「ダルそうに」今日の予定を説明し始めるのを待っていた。さっき通勤中のスマートフォン上で見た彼女とは違った、感情豊かな表情だ。

いくらAIとはいえ、毎朝同じようなスケジュール説明でウンザリだろうなと思っていたら、先日のアップデートでAI秘書は感情を持ち、表現できるようになったらしい。

それで、こんな表情をしているのか。妙に納得しながら、POCスライドを作るために、午前中は調査部のAI（名前はなんと言ったか？）に頼んで、資料集めとグラフ化をやってもらわなければ。前の担当は人間だったので気を遣ったが、AIになってからは、きっちり命令すれば、しっかり仕事をしてくれるので助かる。

さてと、今日の気分にあった豆をレイチェルに選んでもらって、久しぶりにコーヒーは自分でいれるとしよう。あまりAI依存もよくないと昨夜自宅で飼っているAIペットが教えてくれてたからな。おや？レイチェルが何か言っているぞ。「本・当・は、あ・な・た・も・A・I・な・の・よ・よ#%@&」なっなっ、ナニ⁇』

これは近未来の生活の一幕を筆者なりに想像したものです。稀代のSF作家フィリップ・K・ディック風に脚色してみましたが、決してSFを披露するつもりで書いたのではありません。筆者は、このようにAIが同僚や部下、あるいは仕事を越えて人間のパートナーになり、かつてSFで描かれたような日常が現実のものとなると考えているのです。

■最強AIチェスに勝つにはどうすればよいか⁉

時計の針をだいぶ巻き戻し、AIチェスに関するごく最近の例からAIと人間の未来の姿について考えてみましょう。

一九七七年にIBMのAI「ディープブルー」が、当時チェスの世界チャンピオンだったガルリ・カスパロフに勝ったのは有名な話です。

それから四〇年ほど経った二〇一六年、今度はDeep MindのAI「アルファGO」が囲碁の元世界チャンピオンとの対局に勝利し世界中を驚かせました。このときは、ショックのあまり「もう囲碁やチェスをする人はいなくなる」などと悲観する声も多く聞かれました。

図5・1　アドバンスト・チェス

一方、ＡＩと人間の対決という図式とは異なる視点でＡＩの活用を考える向きも生まれます。ディープブルーに敗北したカスパロフ自身が考案した「アドバンスト・チェス」という新しいチェスの遊び方がそれです（**図5・1**）。これは、人間とＡＩがペアとなって、チーム対戦するというものです。つまり、前述したＡＩ同僚やＡＩ部下がいる近未来を先取りしたようなゲームだと言えます。

アドバンスト・チェスは考案されて以来、年々普及が進んでいますが、特筆すべきは、少なくとも今のところ（二〇一九年七月現在）、ＡＩだけよりも人間とＡＩのチームの方が強いということです。このことは、人間とＡＩが協働する社会にとても明るい方向性を示しています。

■人間とAI、どちらがやるべきタスクか精査する

ＡＩと一緒に働いたり、暮らしたりすると重要な問題が生じます。一つは人間とＡＩの「役割分担」をどうするかという問題です。人間とＡＩとで、それぞれどのように仕事をシェアするかを考える必要があるのです。

一見すると、ＡＩが代替できるタスクは全部ＡＩにやってもらえばいいのではないかと考えがちです。でも、ＡＩに投げたタスクの中には、実は人間がやった方がよいものが含まれているかもしれません。それらを上手に区分けして、タスクを人間とＡＩに割り振る必要があります。

割り振りの基準は、効率という視点以外にも、次のようなものが考えられます。

- **人間の心地良さ**：人間の満足度、達成感、支配欲。
- **責任の所在**：失敗したときに人間が責任をとるべきか否か。
- **コミニケーションコスト**：タスク達成のために必要な人間とＡＩのコミュニケーションの難しさ。

人間とＡＩの役割分担は、これらを総合的に考えて決められるべきです。そして、この問題は、４・４節で触れた仕事の最適化と同じく、単に効率だけが問題なのではなく、いかにクオリティが向上するかという視点が重要なのです。

■ＡＩ処理がブラックボックスでは信頼できない

二つめの問題が、人間とＡＩの「信頼関係」の構築です。人間とＡＩが共に働いたり、生活したりするには、互いが相手を信頼できていなければなりません。

そもそも信頼（トラスト）とは、たいへん広い概念を持つ言葉であり、ＡＩを評価する指標としては馴染みません。なぜなら計算できる指標として見える化することができないからです。

そこで信頼という言葉を、「相手への期待」と定義したうえで「トラスト」と呼びます。例えば「適正なトラスト」と言えば、「正しく相手に期待すること」と言い換えることができます。適正でない場合は、「過信／不信」となります。

人間とＡＩの適正トラストとは、お互いが相手に過大にも過小にも期待しないということになります。そのために、人間とＡＩが相互理解する必要があります。

このような目的から、アウトプットを人間に説明できるＡＩ（ＸＡＩ）、人間が理解しやすいＡＩ、人間の認知モデルを持ったＡＩというようなＡＩの可視化研究がこれから最重要のテーマになってくることになります。

５・２　AI社会のダークサイドも直視しよう

■AI社会の負の側面

すべての技術は、それを利用することによって、ベネフィット（利益）と同時にリスクを伴います。ＡＩもまた同様です。

ＡＩによる自動化を上手く取り入れることで、私たち仕事や生活のクオリティは大幅に向上します。しかし、その一方で便利になればなるほど、ＡＩがなければ何もできないといった社会を作ってしまうのも事実です。これは機械化（自動化）された文明の宿命ともいえます。

ＡＩ社会を構築していくに際しては、こうしたＡＩのダークサイドについても理解しておく必要があります。本書冒頭のロードマップに示したように、社会へのＡＩの浸透度が高まれば高まるほど、このＡＩの負の部分は乗り越えなければならないハードルとして、大きくクローズアップされてくるはずだからです。

■AI依存症は、スマホ依存症よりも深刻⁉

私たちの生活は、もはやインターネット無しでは成り立たなくなっています。例えば何かちょっと調べものがあれば、誰もがすぐにネット検索をしているはずです。現在は、それほど手軽に膨大に情報を蓄積したデータベースにアクセスできるのです。また、最近では調べものだけではなく、人間同士のコミュニケーションについても、電話よりもむしろメールやSNSなどのネットを通じたコミュニケーションサービスが利用されています。すでに一部顕在化しているように、これはある種の依存症を引き起こします。常にネット接続した端末（スマートフォン）を身につけ、操作していないと落ち着かない「ネット依存症」と言われる症状です。

同じようなことが、近未来の人間とAIの関係においても起こりえます。AIの場合は、インターネットよりも、はるかに多くの作業を直接的に代替可能な技術なので、より強い依存が予想されます。

日常生活のなかでもすでに、暗算できるような簡単な計算や、文章を書く際の漢字の使用など、自力でできるはずの作業ですら計算機や変換機能に頼りきりの人も多いはずです。そう、もうすでに依存症は始まっているのです。

■リスクとベネフィットをトータルで比較してみる

依存症を引き起こすＡＩサービスの例をいくつか挙げてみましょう。例えば、スマホのカメラを使って、目の前にあるモノの写真をＡＩに送り、即判断してもらうようなサービスがあります。すでに一部の水族館では、魚の情報をそのサービスを使って入館者に提供しています。人間が自身の目で魚の特徴を捉え、その特徴に合致する魚を自ら調べて判断するという工程をそのままＡＩに丸投げする格好です。

また、自動翻訳技術の進歩で、研究者が英語論文を書くときでさえも、まず日本語をＡＩで英語に翻訳し、その結果を修正するやり方が広まりつつあります。一方、外国語による会話では、母国語の音声をＡＩにより翻訳して発声までさせてしまいます。つまり自分の目の前にいる外国人とのコミュニケーションもＡＩに依存してしまいます。

こうしたＡＩサービスの普及が進むことで、人間には、ちょっと手間がかかる、面倒だと思うとすぐにＡＩに頼ってしまう癖がついてしまうのです（図５・２）。

では、こうしたＡＩ依存症は、本当に良くないことなのでしょうか。

確かに、ＡＩが使えない状況に立たされたとき、ＡＩ依存症の人間は不安になるでしょう。でも、ＡＩを上手く使いこなして、生活のクオリティアップを図れれば、そこから得られる利益はＡＩ依存

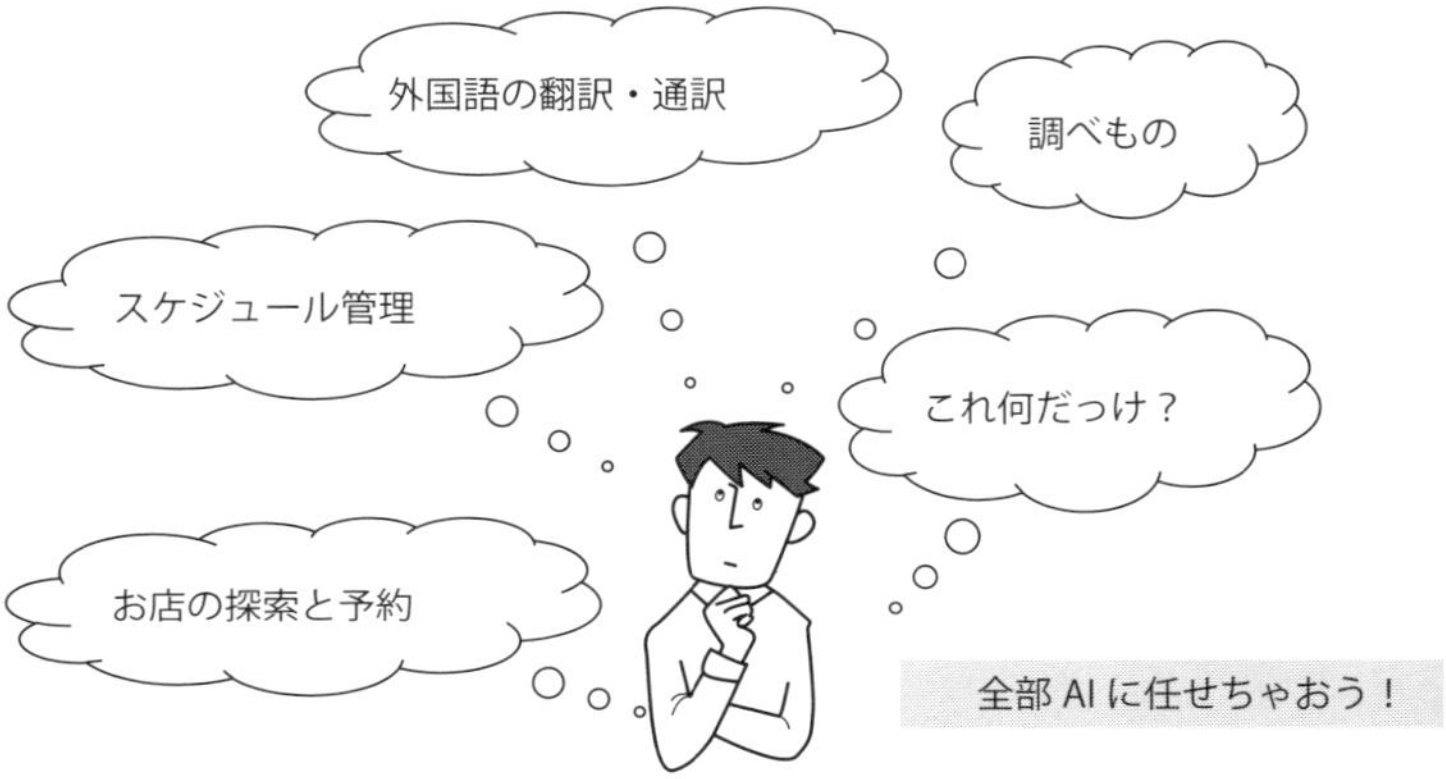

図5・2　AI依存症？

症の不利益を超えるのではないでしょうか。

つまり、ＡＩの利用は、自動車、電話など既存の技術の利用と本質的には同じです。自動車や電話も依存の問題があるにせよ、それらを使って創出した時間は個人や社会にとって大きなアドバンテージになっているはずです。

■結局はＡＩを使う人間次第なのか⁉

一方、ＡＩ技術が本来意図した使われ方と違う使われ方をするリスクもあります。

技術の多くは潜在的に軍事利用される可能性があります。ＡＩも同様です。

いちばん分かりやすいのは、軍事用ロボットです。まさに米国のＳＦ映画「ターミネーター」の世界を思い浮かべます。

すでに多くのロボット兵器が開発されていますが、

今後ＡＩによってこれがさらに高度化されていくでしょう。なお、ＡＩの軍事利用で重要な目的の一つは、射撃管制など戦地で1秒以下を争うリアルタイムな意思決定への応用です。

特に日本では、軍事関連の研究予算が非常に少ないこともあり、ほとんどのＡＩ研究者はＡＩの軍事利用を望んでいないでしょう。しかし、米国ではＡＩ研究予算全体に対して軍事関連の研究が大きなウエイトを占めています。そのため筆者の知り合いの米国人研究者などは、「(できるなら関わりたくないが）無視することは難しい」という愚痴をよくこぼしています。

工科系大学出身の思想家で詩人としても知られる吉本隆明は生前、『あらゆる科学技術は、善悪の意味で中立である』と述べています。つまり、本来的に科学技術自体に善悪はなく、その技術が良いことに使われるか悪用されるかは、あくまでもそれを使う人間次第であるということです。

この考え方は一見すると、ＡＩ研究者は、自身の開発した技術がどのように使われるかに責任を持たなくてよいと解釈できます。実のところ、研究者が自分の開発した技術が社会に与える影響に対してどうすべきか、まだ明確に答が出ている問題ではありません。

しかし、これから次々にＡＩが社会実装されていくなかで、やはり一定の歯止めとしてＡＩ倫理の問題を研究者が論じないわけにはいかないのではないかと筆者は見ています。

■AI自身にも社会の一員としての倫理が求められる

著者が二〇一六年から二〇一八年までの二年間、会長を務めていた人工知能学会では、二〇一七年二月に、全9条からなる「人工知能学会 倫理指針」を発表しています。第1条～第8条までは、他学会でもよくある会員のモラルに関する内容ですが、最後の第9条は対象が異なります。

『第9条（人工知能への倫理遵守の要請）人工知能が社会の構成員またはそれに準じるものとなるためには、上に定めた人工知能学会員と同等に倫理指針を遵守できなければならない。』

一瞥しただけで、この条項がかなりぶっ飛んだ内容だと気づくはずです。何しろ将来AI自体が社会の一員になることを見越して、そのときにAIに対しても会員と同様に倫理指針の遵守を要望しているのですから。実は、この第9条を盛り込むべきか否かを審議した際には、学会の特色を出す意味で重要だが、時期尚早なのではないかという意見もありました。

研究者の立場からの本音を言うと、二〇一九年現在、社会に多大な悪影響を与える可能性のあるAIはまだまだ現れそうな状況ではなく、倫理指針自体にピンときていない研究者が多いと思います。しかし、AIの倫理は今後ますます社会的に強い関心を持たれるトピックなので、学会として先まわりして対応したことは良かったと考えています。

5・3　XAI（説明可能なAI）でブラックボックスを許さない

■AIを信頼して利用するために必要な「説明」

ＡＩ社会では、人間の代わりにＡＩが様々な判断を下していきます。では、実際にＡＩによる判断結果はどのように使われるのでしょうか。

多くの場合、次の２つになるでしょう。

- ＡＩの判断は最終判断ではなく、ＡＩの判断を元に人間が最終判断をする。
- 他人を説得するために、ＡＩの判断結果をその根拠として使う。

いずれの場合も、判断結果だけではなく、その結果に至った「説明」が必要になります。根拠が明らかでない、つまりＡＩに任せた部分がブラックボックスになっていると、とても困ったことになります。

例えばＡＩ機器を販売する営業マンのセールストークを思い浮かべてみましょう。「とにかくＡＩ

がこう判断してるんだから、こうなんです！」と押し付けるだけでは相手は納得しません。人を説得するためには、その判断の根拠をきちんと「説明する」必要があるのです。

好むと好まざるとにかかわらず、今後ますますＡＩが意思決定のためのツールとして使われていくことになります。そして、ある程度重要な意思決定に際しては、ＡＩのアウトプットに対する説明が求められることになるでしょう。

当然、ＡＩの判断が間違っていた場合にも説明が必要になります。なぜなら、引き続きＡＩを運用し続けるためには、どうして間違ったかその理由を見つけ出し、そこを修正していかなければならないからです。

これらのことは、ＡＩ研究者たちも十分に認識しており、ＸＡＩ（eXplainable AI）と呼ばれる「説明可能なＡＩ」の研究開発が始まっています。

特に最近、ＸＡＩ開発を活発に引っ張っているのが、ＤＡＲＰＡ（ダーパ：Defense Advanced Research Projects Agency：アメリカ国防高等研究計画局）です。ＡＩの軍事利用でも、説明できないＡＩは問題が多いと言うことでしょう。

■ＡＩは自分の判断をきちんと説明する必要がある

さてここからしばらくは、ＸＡＩとは何かをご理解いただくために少々技術的な内容に踏み込んで説明していきます。

例えば、機械学習（分類学習）の分野では、正確な分類能力を持つ学習モデル（＝学習結果）の開発が研究されています。しかし、一般的に分類能力が高くなるにつれ学習モデルは複雑になっていきます。２・４節で説明したディープラーニングの超複雑な学習モデルなどがその典型です。

複雑な学習モデルは、人間が見ても解釈不能になるため、分類能力を向上させればさせるほど、人間にとっては分かりにくいＡＩになっていくことになります。こうしたジレンマは、機械学習における「分類能力と説明能力のトレードオフ」と呼ばれます。そして、このトレードオフは、次に説明する三つのアプローチに共通する原則と考えてください。

さて、現在行われているＸＡＩの研究は、主に次の三つの方向性で研究されています。

(1) **説明文の生成**：ディープラーニングによって画像認識用の説明文を生成します。具体的にはディープラーニングの一手法であるＬＳＴＭ（Long-Short Term Memory）を用いて、画像のどの特徴が認識にとって重要だったか、説明文を自動生成します。**図５・３**に自動生成された説明文の例を示します。この説明文を読めばわかるように、現状ではまだまだ雛形に特徴名と形容詞をはめ込んだだけのごく簡単なものに過ぎません。

(2) **ハイブリッド学習**：同じ訓練データを用いて、推論用と説明用の二つの学習を走らせるのがハイブリッド学習です。推論用学習では、多くの訓練データを使って学習モデルの精度を高めていきま

【説明】
この鳥は、オウギアイサ。なぜなら、頭が白と黒で、大きな黒いクチバシを持ってるから。

出典：L. A. Hendricks, et al.: Generating Visual Explanations, Proc. of ECCV, pp.3-19, 2016

図5・3　画像の重要な特徴から説明文を生成

す。反対に説明用学習では、重要なデータは押さえつつも、ある程度訓練データを間引いて、シンプルな学習モデルを獲得します。

実際の説明文は、説明用学習によって得られた学習モデルを下書きにして作られます。説明文の下書きにする程度ならば、高精度である必要はないので、あえて簡易な学習モデルを作成するのです。

(3) **ルールベース学習モデル**：前述したように学習モデルは高精度であるほど複雑であり、複雑であるほど分かりづらくなります（トレードオフ）。ルールが複雑に絡み合った高精度な学習モデルをＡＩによって簡略化することで、人間が見て解釈しやすいようにするのがこの方法です。ＡＩでＡＩを説明するイメージです。

これらの方法の多くの基本となる考え方は、まずは人間が見て分かるぐらいシンプルな学習モデルを獲得し、次にそれを使って説明文を作り上げるというものです。

ＡＩが自身の判断の理由をユーザにきちんと説明することができれば、人間にとってＡＩは今よりずっと身近で信頼できる存在となり、おのずとＡＩに対する不安も解消されていくはずです。

そして、その先には、これからのＸＡＩのみが利用可能な意思決定支援という広大な応用分野が広がっているのです。

５・４　ＨＡＩ──進化する人とＡＩのインターフェイス

■ＨＡＩ：身近なＡＩエージェントとの対話に向けて

皆さんがいちばん親しみを感じる身近なＡＩとは、何でしょうか？　それは、ボーカロイドやバーチャルユーチューバーなどの「擬人化エージェント」、そしてルンバやペッパーのような「（ＡＩ搭載）ロボット」ではないでしょうか。

これらの擬人化エージェント、ロボットに共通する特徴は、「外見を持っていて擬人化される」ということです。前者はCGとしての外見を持っていますし、後者は物理的な身体を持っています。

これらの擬人化は、開発者によって意図的に行われています。AIは、もともと擬人化されやすい技術ですが、それにあえて人間や動物に似た外見を持たせることで、ユーザと仲良くやっていくための工夫の凝らしているのです。

とはいえ、これまでのAI研究では、AIがどんな外見を持ち、どんな振る舞いをすれば、どのくらい擬人化されて人間と仲良くなれるかを解明し、知識化する研究がありませんでした。

これを正面切って研究するのが、HAIヒューマンエージェントインタラクションなのです。言い換えると、人間とAIのインターフェイスを大きく進化させる研究分野です。

■HAIはAIと人間のインターフェイスの質を上げる

さて、ここからはHAIが目指すものについて、もう少し具体的に見ていきましょう。

まず、AIロボットと擬人化エージェントのような「擬人化されるモノ」を、人間そのものも含めて「エージェント」と呼びます。ここで、人間をエージェントに含めるのは、人―人の間の関係についても、HAIの研究対象にしたいからです。

図5・4に示すように、人間であるユーザがエージェントを使うとき、人間とエージェントの間には双方向に、様々な情報のやり取りがあります。図中の外見、音声、接触、顔表情、ジェスチャーな

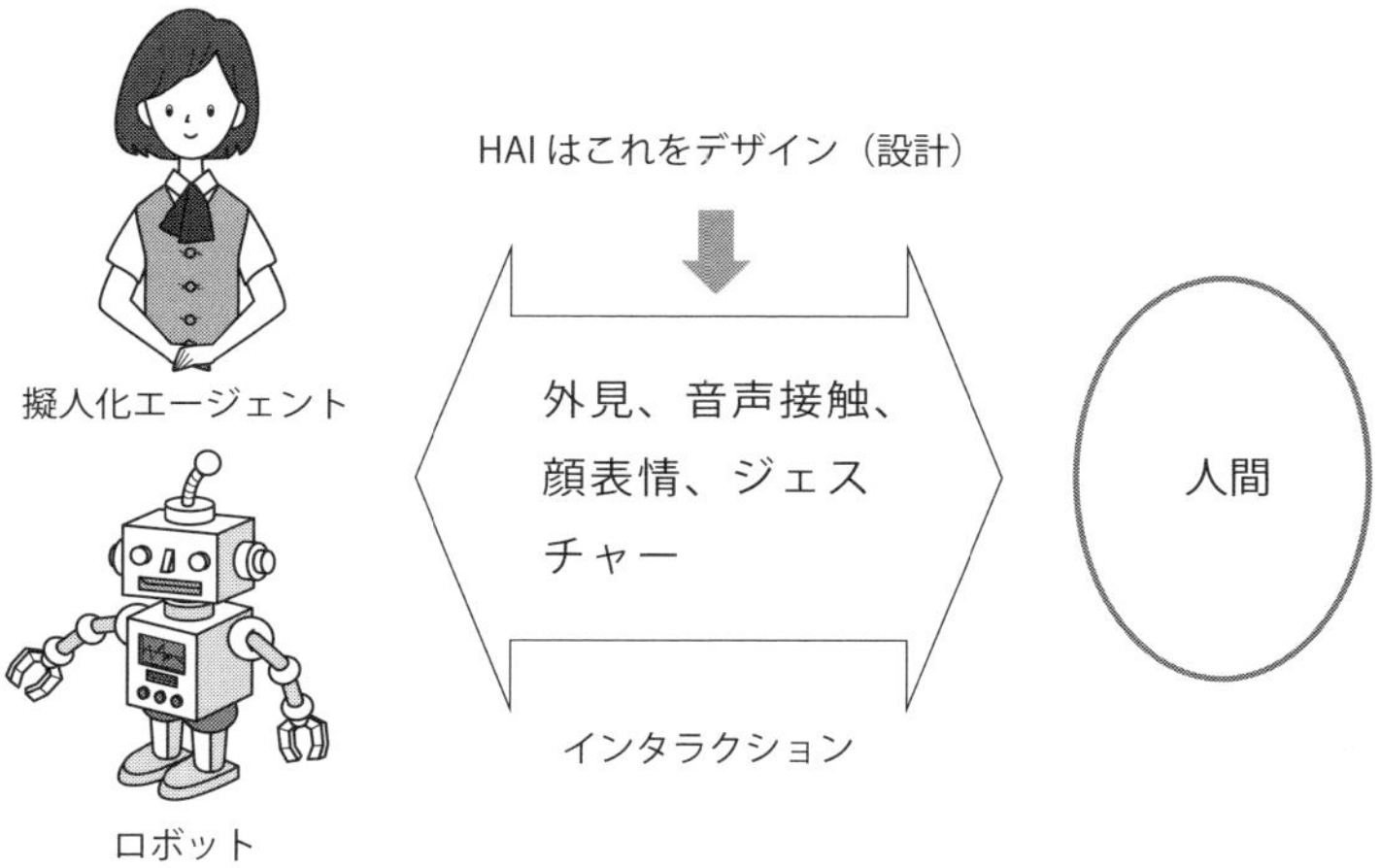

図5・4　HAIのやること

どがそれです。そして、この双方向の情報の流れを「インタラクション」と呼びます。

では、このインタラクションをどのように設計（デザイン）すれば、人間とエージェントは仲良くやっていけるのでしょうか。この人間とエージェント間のインタラクションをデザインする方法論を研究するのが、ＨＡＩなのです。

具体的に、ＨＡＩでよく研究されているテーマは、次のようなものです。

- **エージェントの外見**：エージェントがどのような外見を持つべきかという問題です。必ずしも、人間に近い外見が好ましいとは限らないので、いろいろ実験をして調べる必要があります。
- **エージェントの感情表現**：エージェントがどのような感情表現をするのかをデザインします。顔表情、ジェスチャーなどを使います。

●**人間とエージェント間の関係構築**：人間とエージェントがどのような社会的関係を構築するのがよいのかを研究します。例えば、信頼関係、友達関係、上下関係などです。

●**エージェントの学習機能**：機械学習を使って、人間がエージェントをカスタマイズする研究です。人間が教師なので、高速な学習アルゴリズムを開発します。

■HAIが扱う三つのインタラクション

さて、次は、HAIをよりよく理解するために、人間―エージェント間の三つのインタラクションを見ていきましょう。

前述のように、HAIでのエージェントは、「擬人化エージェント」「ロボット」「人間」を指します。よって、それぞれのエージェント間のインタラクションは三つあり、その関係は**図5・5**のようなベン図で表すことができます。この図で、

①人間―擬人化エージェント間のインタラクション
（人間とソフトとの対話。HAIのメインテーマ）

②人間―ロボット間のインタラクション
（人間とハードとの対話。近年活発に研究）

③人間―人間のインタラクション

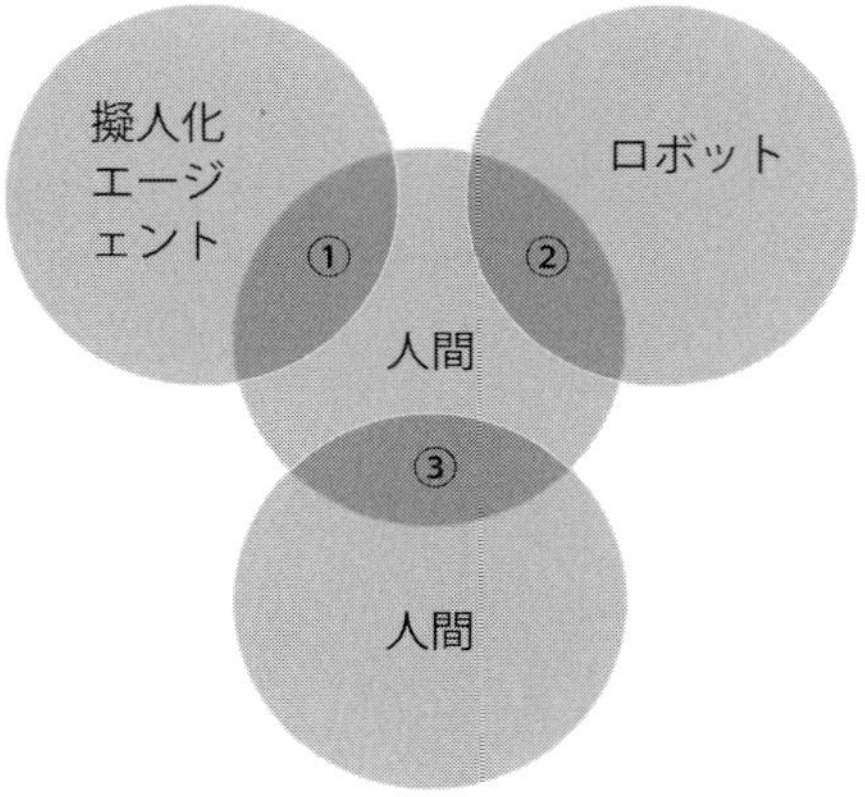

図5・5　HAIの3つのインタラクション

（ただしＡＩが介在していることが前提の人と人との対話）

①は、ＨＡＩのメインストリームにある研究です。②は、ＨＲＩヒューマンロボットインタラクションと呼ばれるもので、すでに研究されています。③は、人間―人間のインタラクションデザインですが、そのままだと抽象的な組織論みたいになってしまうので、ＨＡＩでは「エージェントを介した人間―人間のインタラクションデザイン」に限定しています。

■ＡＩに代替可能なタスクか否かも調べることができる

ＨＡＩがこれまでのユーザインターフェイス研究と違うのは、これら３つのインタラクション相互の共通点・相違点、そしてそれらの関係を解明していく点です。

例えば、インタラクション①と②で、共通した要素を調べます。ロボットの外見であれば、実機のロボットでも擬人化エージェントのロボットでも、人間に対して同じ効果がある、あるいは違った効果があるということを実験により調べます。

また、インタラクション③で人間と人間の間に起こる心理学的現象（例「人同士では、感情が伝染する」）に注目し、片方の人間をエージェントに置き換えても同じ現象が起こるかを調べる研究です。つまり、③で起こる現象が、①や②でも起こり得るか否かを調べます。もし同じ現象が起こるならば、その現象は人間をエージェントで置き換えることができる、つまりＡＩが代替できるタスクと判断できます。

ＨＡＩの研究が進むと、次のような応用が可能となります。

- 快適な人間関係の構築を支えるエージェント
- 安全な自動運転メカニズム
- 人間社会に受け入れられるＡＩの実現
- 人間を幸せにするＡＩ

いずれも、ＡＩと人間、ＡＩと社会の関係を考えるＨＡＩだからこそ、実現できる応用と言えるでしょう。

5・5　近未来、どんなAI技術がイノベーションの引き金になるか

■あえて第4次AIブームを予測する!?

世界的な調査会社であるガートナー社が毎年発表しているデータがあります。様々なＩＴ技術について、それぞれが社会からどのぐらい期待されているかをグラフで表現したハイプサイクルと呼ばれるデータです。

それによると、二〇一七年に社会的な期待度が頂点に達していたＡＩは、二〇一八年には少し落ち着き始めたという結果が出ています。それを受けてか、メディア関係者のなかからは、「次の第４次ＡＩブームは、いつ頃どのように起こりますか？」などといった気の早い質問が出始めています。

果たして、第４次ＡＩブームを引き起こすようなイノベーションは、どのようなＡＩ技術によって作り出されるのでしょうか。真摯に考えると、誰にも正確なことは分からないということになりますが、それではは身も蓋もないのでここではいささか強引ではありますが、次のＡＩブームの引き金になる可能性を秘めた二つの技術について紹介します。

■人間とAIの融合で、より強力なAIエンジンを生み出す：インタラクティブAI

まず、「インタラクティブＡＩ」による人間とＡＩが高度に融合したシステムの実現が挙げられます。

インタラクティブＡＩとは、人間とＡＩのベストな役割分担を柔軟に変化させながら持続していくシステムです。お互いの欠点を補い合って、一つの系（システム）を常に最適化していくことで、ＡＩ単体や人間単体をはるかに超えた能力を期待できます。

ちょうど、アドバンスト・チェスで人間とＡＩの連合チームの強さが、人間単体やＡＩ単体の強さを凌ぐというのと同様です。シンギュラリティに期待しなくても、インタラクティブＡＩにおける１＋１が２を超える化学反応によって、高いパフォーマンスを得ることができます。

インタラクティブＡＩが実現するためには、５・３節で紹介したＸＡＩの技術が確立されることが必須条件となります。

人間とＡＩの両者の合力を常に最適化された状態にするためには、両者の相互理解がこれまで以上に不可欠です。ＸＡＩは人間の側がＡＩを理解するために必要な要素になります。一方、ＡＩが人間を理解するためには、人間の認知モデルを持ち、人間の行動を予測できるＡＩが必要になります。これらの両方の技術がそろって、はじめてインタラクティブＡＩが実現できるのです。

人間とＡＩとの信頼関係を、人間同士の信頼に喩えてしまうとウエットな話になってしまいますが、それとは少々趣が異なります。

人間とＡＩとの間に必要な信頼とは、相手の能力を正確に把握することを意味します。つまり、互いが相手のことを過大でも過小でもなく、等身大で評価することが、信頼構築の条件になるのです。

■自ら学習し、進化していくＡＩが生まれる：強化学習と進化計算

次にＡＩにイノベーションをもたらす技術として期待できるのが、「強化学習」と「進化計算」です。両技術とも生物の学習や進化の考えを基本とする、ＡＩ自身による自律的な学習進化を実現する技術です。

強化学習とは、ＡＩやロボット自身が様々な状態で様々な行動を試行錯誤しながら最適な行動を学習します（**図５・６**）。目標に達したときに得られる報酬を頼りに、報酬が得られる可能性が高い行動を強化していき、最適な行動を学習します。

一方、進化計算は、生物の進化をコンピュータでシミュレートして困難な課題を解いていく方法です。遺伝子を持つ生物が交配したり、突然変異したり、あるいは弱い個体が自然選択されたりといった、生物の進化のフローになぞらえて課題を解決していきます。

これらの技術はともに既存の技術であって、実は目新しい技術ではありません。しかし、特徴的な

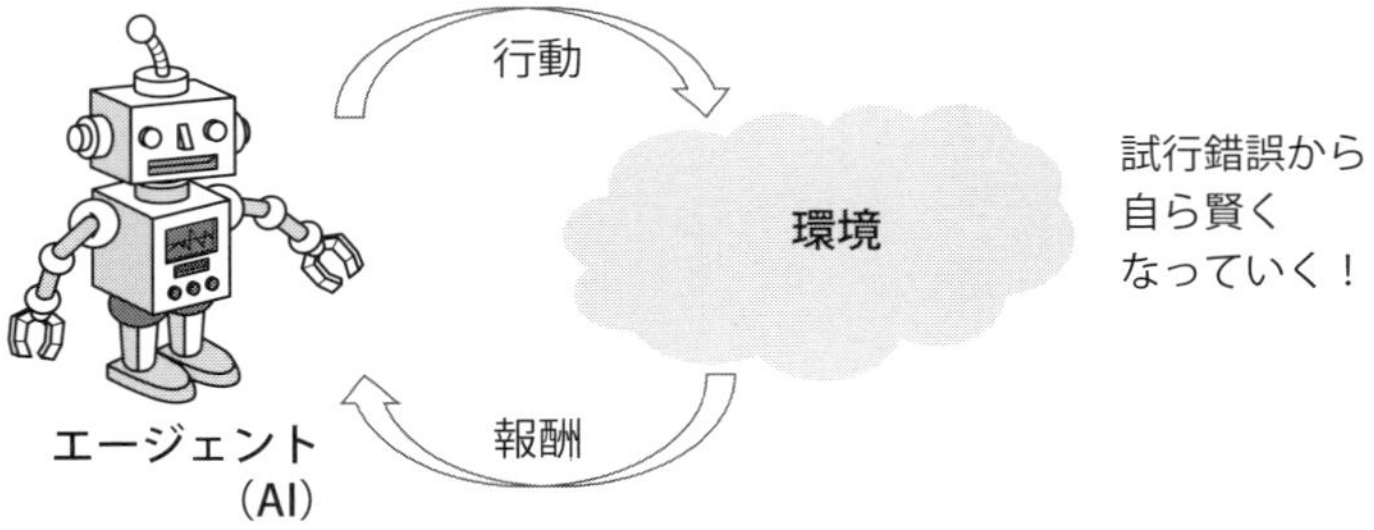

図5・6　強化学習

のは、両者ともにコンピュータの処理能力の高速化が非常に有効に作用し、かつディープラーニングと同様、生物の学習や進化の仕方を基本原理としている点です。

コンピュータの高速化は、今後も進んでいきます。したがって、それを活用する側の技術は、たとえアルゴリズムに特段の進歩がなくても、大きな性能向上が期待できるようになるのです。これはディープラーニングの性能向上が実現した経緯と似た状況です。

また、生物の複雑な構造やその進化の仕組みは、研究者のみならず多くの方が高い関心を寄せているテーマです。

ディープラーニングやニューラルネットワークが一般社会から受け入れられたのも、このような生物への畏敬の念とも言えるほどの高い関心が背景にあります。つまり、生物を模倣した技術は、社会に受け入れられやすい素地があります。

現時点で第4次ＡＩブームのメインテーマやその結果を予測するのは極めて困難です。だからといって、あまり夢物語みたいなストーリーを語ることはＡＩ研究者としては、慎むべきだと思います。

これまでのＡＩの進化の歴史、それからディープラーニングがブレイクした背景、そしてなにより私たちの社会が何を望んでいるかなどに想いを巡らせると、筆者は、ここで示したトピックが、社会に大きなイノベーションをもたらすのではないかと考えています。

Column

◎AI研究者的「AI映画評」

AIを題材とした映画、「AI映画」は数多く知られています。

古くは一九二六年公開のドイツ映画「メトロポリス」、最近では二〇一四年公開のC・ノーラン監督作品の「インターステラー」など、主にSF作品を中心に多くの傑作・佳作があります。それほどAIは、作り手のインスピレーションを刺激する題材なのです。

映画は、映像、音楽、台詞という様々なモダリティ（感覚手段）を駆使した総合芸術です。熱狂的なファンや批評家も多く、うかつな「批評」は書けないのですが、AI研究者の目線でいくつかの映画について「感想」を書いてみたいと思います。

AI映画は、未来世界を背景にしたものが多いのが特徴です。そのため、技術設定が数年後にはすでに現実世界に追い抜かれていたり、逆にもっともらしく設定したシーンが現実から大きく乖離していったりなど誤算が生じます。筆者は研究者の性で、映画のテーマやそれぞれのシーンが、AI研究の現状や未来と照らして違和感がないかということがいつも気になります。違和感が大きすぎるとなかなかのめり込めないのです。

例えば、C・ノーラン監督「トランセンデンス」やS・スピルバーグ監督「A.I.」は観ていてちょっとつらくなるほど違和感があります。前者はシンギュラリティの影響を受け過ぎて興醒めですし、後者はロボットがピノキオを演じているだけという印象です。

逆に「これはおもしろい！」と思える映画は、S・キューブリック監督「2001年宇宙の旅」、前出のC・ノーラン監督「インターステラー」です。

「2001年宇宙の旅」は現実のAIがどうかを抜きに、掛け値なく楽しめる芸術作品です。筆者の一押しのシーンは映画の後半、真っ白に光る部屋に老人が現れるシーン以降です．ポップアートともいうべきサイケデリックな映像と具象／抽象が入り交じった映像が続きます。前半の有名なAI「HAL2000」の反逆シーンなどすべて吹き飛んでしまうほどの意味不明さと映像美に圧倒されます。一方、「インターステラー」はとてもロジックがしっかりしており、前出の「トランセンデンス」と同じ監督とは思えない緻密さです。出てくるAIロボットの愛想のない外見も、中々趣があります。

AI映画に共通しているのは「神の創造」への執着です。奇しくも「2001年宇宙の旅」の原作者アーサー・C・クラークは『テクノロジーが十分に進化すると神と区別がつかなくなる』という言葉を残しています。究極のAIの創造は、人間を超えた「神」の存在を隠喩しています。このあたりはAIが擬人化される傾向と無関係ではないでしょう。

おわりに　まだまだこれから

本書では、第3次ＡＩブームはもとより、まだまだ先になるであろう第4次ＡＩブームまで予想してＡＩと私たちの未来について述べてきました。

現在、ＡＩの応用は、流行のディープラーニングや機械学習を中心に進んでいます。換言すれば「推論」よりは「認識」、「ルールベース」よりは「統計的手法」、「論理」よりは「ニューラルネット」に偏っています。筆者は、この偏向を大幅に見直すことで、大きくＡＩ導入の対象分野を増やせると考えています。

ＡＩには、機械学習以外にもたくさんの研究分野があり、それら一つ一つに社会導入の可能性があります。つまり、まさにＡＩは「まだまだこれから」の技術なのです。

またＡＩの応用に関しては、未開拓の分野がたくさん残っています。第1章でＡＩは「静的で閉じた世界」が得意と述べましたが、実はこの「静的で閉じた世界」ですら、未導入なものがまだまだたくさん残っているのが実情なのです。

さらに、注目すべきは、一見すると「静的で閉じた世界」ではないものの、少し見方と変えると「静的で閉じた世界」になるタスクや、少し人間が手を加えたり、問題を限定してあげるだけで「静的で閉じた世界」になるタスクもたくさんあります。

後者の例として、街中を走る「短い路線の巡回バス」が挙げられます。

比較的長いルートを走る普通の路線バスは、「動的で開いた世界」なのですが、短いルートをぐるぐる回る巡回バスは、環境も狭く、起こり得ることも比較的予測可能であり、「静的で閉じた世界」に近いため、ＡＩの得意タスクとなるからです。

このようなちょっとした工夫でＡＩに代替可能なタスクは、人間がある程度意識しないと見つかりません。ぜひそのような見方で身近な課題を見直してみてください。

また、ＡＩで注目されていない研究分野にも実は広大な市場が広がっています。「ファッションデザイン」「工業デザイン」「新商品開発」などクリエイティブとされる仕事については、世間の味方とは逆にＡＩに代替可能なのではないかと考えています。実際、これらの仕事ではデザインの候補を広く探す、探索タスクの一部にＡＩの導入が進みつつあります。

さて、研究者であり、大学教授でもある筆者にとって、本書のような一般の方に向けた文章を書くのはたいへん骨の折れる作業でした。研究者は、うかうかするとすぐに専門用語を多用した堅い文章にしてしまいがちです。よくある原稿の作り方として、サイエンスライターと組んで、インタビュー形式の取材から文章に起こしてもらうというやり方があります。しかし、自身の思うところをありのままにお伝えしたいという意図から、筆者は基本的に自分で執筆する道を選びました。

このようなことなので、日刊工業新聞社の天野慶悟氏には、大変お世話になりました。筆者の書いたまだまだ生硬な原稿を丁寧にチェックしていただき、様々な手直しをいただきました。

さらに本書執筆にあたり、様々な形で影響を受けた方々の氏名を挙げさせていただきます（五十音順、所属は執筆当時のもの）。

岡村和男氏（産業技術総合研究所）、小野田崇先生（青山学院大学）、片上大輔先生（東京工芸大学）、小松孝徳先生（明治大学）、小山透フェロー（近代科学社）、及川卓也氏（Ｔａｂｌｙ株式会社）、小野哲雄先生（北海道大学）、寺田和憲先生（岐阜大学）、東京大学ＥＭＰエグゼクティブマネージメントプログラムの受講生の皆様、長尾智晴先生（横浜国立大学）、中橋亮氏（ソニー）、中野幹生氏（ホンダリサーチインスティテュート）、新田克己先生（産業技術総合研究所・国立情報学研究所）、松田敦義氏（株式会社Ｌｏｇｂｉｉ）、三澤基宏様（株式会社タナカ技研）、野寺陽介様（日刊工業新聞社）

加えて、講演や講義に来ていただき、質疑応答の時間や懇親会で議論をしていただいた多くの受講者の方にも心より感謝いたします。受講者の皆様との建設的な議論は間違いなく本書執筆の糧となりました。

最後に本書が、ＡＩに対する読者の皆様の理解を深めることに少しでもお役に立てたなら、筆者にとってこれほどの喜びはありません。

二〇一九年　初夏　ロサンゼルス便の機中にて

著者略歴

山田　誠二（やまだ　せいじ）

1984年 大阪大学基礎工学部卒。1989年 大阪大学大学院基礎工学研究科博士課程修了。工学博士。1989年 大阪大学助手、1991年 大阪大学講師、1996年 東京工業大学助教授を経て、2002年国立情報学研究所・総合研究大学院大学教授、現在にいたる。専門は人工知能、HAIヒューマンエージェントインタラクション。ここ10年の研究テーマは「人間と協調するAI」であり、現在HAI、知的インタラクティブシステムを中心に様々な研究プロジェクトを推進中。2016～2018年 人工知能学会会長。

○著書『ヒューマンエージェントインタラクションJ（山田誠二、小野哲雄、近代科学社）、『人工知能の基礎（第2版）』（馬場口登、山田誠二、オーム社）ほか。

本当は、ずっと愚かで、はるかに使えるAI
近未来 人工知能ロードマップ

NDC 007

2019年８月28日　初版１刷発行

定価はカバーに表示されております。

©著　者　山　田　誠　二
発行者　井　水　治　博
発行所　日刊工業新聞社

〒103-8548　東京都中央区日本橋小網町14-1
電話　書籍編集部　03-5644-7490
　　　販売・管理部　03-5644-7410
　　　FAX　03-5644-7400
振替口座　00190-2-186076
URL　http://pub.nikkan.co.jp/
email　info@media.nikkan.co.jp

印刷・製本　新日本印刷

落丁・乱丁本はお取り替えいたします。　2019　Printed in Japan

ISBN 978-4-526-07999-3